LOUIS MARSOLLEAU

# Le Talisman

DRAME EN QUATRE ACTES

ET EN VERS

(D'après FULDA)

PARIS
LIBRAIRIE THÉÂTRALE
30, RUE DE GRAMMONT, 30

1905

Traduction, de reproduction et de représentation réservés pour tous pays,
y compris la Suède et la Norvège.

# Le Talisman

DRAME EN QUATRE ACTES ET EN VERS

Représenté, pour la première fois, à Paris, sur le théâtre des *Bouffes-Parisiens*, le 22 mars 1905.

LOUIS MARSOLLEAU

# Le Talisman

DRAME EN QUATRE ACTES

ET EN VERS

(D'après FULDA)

PARIS
LIBRAIRIE THÉATRALE
30, RUE DE GRAMMONT, 30

1905

Tous droits de traduction, de reproduction et de représentation réservés
pour tous les pays, y compris la Suède et la Norvège.

# PERSONNAGES

| | |
|---|---|
| LE ROI ASTOLPH............ | MM. DE MAX. |
| ORFIZ.................... | HENRY KRAUSS. |
| HABAKUK................. | ARMAND BOUR. |
| DIOMÈDE................. | MITRECEY. |
| STEFANO................. | ABEL. |
| BÉRANGAR................ | COLIN. |
| ANSELME................. | SIX. |
| FALBALA................. | VILLÉ FILS. |
| PANFILIO................ | PRADALY. |
| FERRANTE................ | SCHŒFFER. |
| LE CHEF DES CUISINIERS.... | RAOUL. |
| BENEDICT................ | EDMOND, |
| GASPARO................. | AUBRY. |
| BAUDOUIN................ | MALET. |
| GUIDO................... | KESSLER. |
| PREMIER PAGE............ | ANDRÉ. |
| DEUXIÈME PAGE........... | RONY. |
| PREMIER DOMESTIQUE..... | PERNON. |
| DEUXIÈME DOMESTIQUE.... | JEAN. |
| MADDALENA.............. | M<sup>mes</sup> GINA BARBIÉRI. |
| RITA.................... | BERTILE LEBLANC. |
| 1<sup>re</sup> FEMME DU PEUPLE....... | FORESTA. |
| 2<sup>e</sup> FEMME DU PEUPLE....... | GAILLARD. |
| UNE DAME DE LA COUR..... | GIESZ. |
| AUTRE DAME DE LA COUR... | TITIANE. |
| AUTRE DAME DE LA COUR... | VILLARD. |
| UNE BOURGEOISE.......... | VERRIÈRE. |
| AUTRE BOURGEOISE....... | GALLET. |

SOLDATS, CUISINIERS, HOMMES DU PEUPLE.

# LE TALISMAN

## ACTE PREMIER

### SCÈNE PREMIÈRE

#### HABAKUK, puis RITA.

Un paysage méridional. Au fond, la mer et la ville de Famagusta située sur l'échancrure de la baie. A gauche, au premier plan, une pauvre cahute, à l'ombre d'un grand figuier. A droite, premier plan, le château du roi. Au moment où le rideau se lève, Habakuk est en train de tresser un panier devant sa cahute. Des sons de cors retentissent au lointain.

#### HABAKUK.

Ton, tontaine, tonton ! Soufflez à pleine joue !
Sautez sous la futaie où le soleil se joue,
Derrière la clameur des chiens ! Chasseurs de cour !
Chassez, courez ! le temps m'est long ! qu'il vous soit court !

Moi, cependant, cloué sur ma chaise de paille,
Je jeûnerai, tandis que vous ferez ripaille !
Les jours suivent les jours, puis les mois, puis les ans..
— Hop ! chevauchez le galop bref des alezans ! —
Moi, sur ma chaise, au bord du chemin, je demeure
Et j'y demeurerai jusqu'à ce que j'y meure !

*Furieux.*

Le dernier des métiers est celui de vanier !
Osier ! maudit osier ! tu seras un panier !
Tu te défends ? tes brins me sautent au visage ?
Tu seras un panier, te dis-je ? Allons, sois sage !
Là ? te voilà panier ? te rends-tu ?

<small>Il brandit avec triomphe et rancune le panier terminé.</small>

RITA, *elle entre gaîment, du fond, à droite, en portant un panier plein de provisions.*

    Le ruisselet, sous la mousse,
    Saute, danse et se trémousse,
    Et le rosier sans souci,
    Sous un rayon d'or qui danse,
    Tournoie et danse en cadence,
    Et c'est pourquoi je danse aussi !

*Joyeuse.*

J'ai vendu
Tous mes paniers !

HABAKUK, *paternel.*

Rita, mon hirondelle, a dû
Courir en revenant du marché !

RITA.

Non, mon père !
Elle a volé ! comme le vent ! Elle est prospère !

Elle est heureuse ! Elle est née un dimanche, oui !
Tous mes paniers !

###### HABAKUK.

Et ce déballage inouï
A produit ?

###### RITA.

Deux ducats.

###### HABAKUK.

Dérision immonde !
Deux ducats ! A t'ouïr, tu rapportais le monde !

*Il hausse les épaules.*

###### RITA.

Pouvais-je rapporter tout ce que nous avons
Déjà ? le ciel, les prés fleuris, les bois profonds,
L'horizon sans limite et la mer infinie,
Et le jour qui nous vêt de sa clarté bénie ?
Le monde entier, sur notre tête et sous nos pas
Déployé ?

###### HABAKUK.

Tout cela, nous n'en dînerons pas !
La mer est trop salée à l'entour de nos côtes
Et les étoiles, pour qu'on les cueille, trop hautes !
Maigre chère !

*Il renifle.*

Mais... hé ! sens-tu ?

###### RITA.

Moi ? non.

###### HABAKUK, en extase.

Je sens
De suaves parfums ! des fumets nourrissants !

Mon gosier s'en humecte et le nez m'en chatouille !
Je sens...

RITA, flairant à son tour.

C'est vrai !

HABAKUK.

Je sens la bonne ratatouille !


# SCÈNE II

Les Mêmes, puis le CUISINIER de la cour suivi de quatre aides. Tous portent de grands plats d'argent couverts de dômes d'argent. Ils s'avancent d'un pas digne et s'arrêtent au commandement devant le palais du roi.

LE CHEF DES CUISINIERS, à ses hommes.

Halte ! c'est bien ici !

HABAKUK.

Monsieur... Seigneur... pardon !
Excusez-moi, si je vous demande...

LE CHEF, infiniment majestueux.

Quoi donc ?

HABAKUK.

Votre mission est, sans doute, d'importance ?

LE CHEF.

De la plus grande !

HABAKUK, curieux et toussotant.

Ah ? Bien ! bon !

LE CHEF.

        Son omnipotence
Le roi ! daigne descendre en ce nouveau château,
Où nous lui servirons son déjeuner tantôt !

    HABAKUK.

Ce déjeuner... doit être exquis ?

    LE CHEF.

          Comme de juste !

  HABAKUK, s'approchant des casseroles.

Peut-on voir ces trésors friands ?

    LE CHEF, l'écartant.

         Non ! c'est l'auguste
Et professionnel secret ! Place !
    *Il éloigne violemment Habakuk. A ses hommes :*
        En avant,
Marche !
  *Le chef cuisinier et sa troupe toujours majestueux entrent dans le palais.*


## SCÈNE III

  HABAKUK, *il est indigné.*

O supplice amer ! mirage décevant !
Paradis défilant sous mon regard avide !
J'en garde, les yeux pleins, le ventre encor plus vide !
Malheur !

    RITA.

Turlututu !

HABAKUK
Détresse !

RITA.
Tralala !

HABAKUK.
Tu ris ?
Il semble mi-offensé, mi-surpris.

RITA, elle désigne son petit panier.
Je ris ! et tu vas rire aussi. J'ai là
Un festin qu'il ferait beau voir que tu repousses !
Dont tu te lècheras huit doigts et les deux pouces !

HABAKUK, goguenard et grognon.
Ouais ! je sais ! Du pain sec, du vin sûr, un quartier
De fromage, taillé dans du cuir de bottier,
Des œufs cuits au saindoux sur le plat, et par grâce,
Des haricots germés mijotés dans l'eau grasse !

RITA.
Le figuier, d'un geste amical,
Au bout de ses branches tendues
Nous offre ses figues dodues,
Et la source au bruit musical
Grelottant dans l'herbe en guipure
Nous verse son eau claire et pure.

HABAKUK, peu convaincu.
De l'eau ! brrr !

RITA.
C'est très sain !

HABAKUK.
Mon hirondelle, toi,
Tu planes ! Que te font les lézardes du toit

Où tu niches ! Tu vis ta jeunesse ! tu chantes !
Moi, je grogne ! J'ai vu les choses si méchantes !
Et puis au fond, chacun son goût : à chaque instant,
Je suis très satisfait d'être très mécontent !

RITA, elle rit.

Bien ! bien ! je rentre...

Elle chante,

    Le ruisselet sur la mousse
    Saute, danse et se trémousse...

Elle entre dans la cahute.

HABAKUK, seul.

    Brave enfant ! Elle est ma gloire !
Tout de même ! jamais on ne me fera croire
Que le roi boit de l'eau !...

## SCÈNE IV

HABAKUK, ORFIZ.

Orfiz, en vêtement oriental, un baluchon sur le dos, un bâton de voyageur en main, entre à gauche derrière la cahute, regarde autour de lui et s'arrête en voyant Habakuk.

ORFIZ, à Habakuk.

    S'il te plaît, le chemin
De Famagousta ?

HABAKUK, cicerone.

    Tiens ! Tout droit. Suis bien ma main !
Ensuite à gauche ! Puis, à droite ! Un bon quart d'heure
En marchant bien.

ORFIZ.

Merci.

HABAKUK.

J'y songe ! Pour du beurre
Ou des œufs, ou de la volaille, n'as-tu point
Besoin d'un vrai panier conforme et mis au point ?

*Il offre différents paniers.*

ORFIZ.

Pas aujourd'hui !

HABAKUK, vexé.

Je ne m'impose pas, jeune homme !
Mais... sans te demander le nom dont on te nomme
— Je suis peu curieux, mais je suis intrigué ! —
Tu viens de loin ?

ORFIZ.

Très loin !

HABAKUK.

Tu n'es pas fatigué ?

ORFIZ.

Si !

HABAKUK.

Qui t'amène à Chypre ? Une femme ? Une affaire ?
Un duel ? Je n'ai pas de questions à faire,
— Je suis peu curieux ! — Mais si tu ne dis rien,
Je ne dormirai pas de la nuit !

ORFIZ.

Non ? Eh bien
Je ne veux pas tuer ton sommeil ! Qui m'amène ?
L'Espoir !

HABAKUK, goguenard.

L'espoir ? Oh ! Oh !

ORFIZ.

J'ai la sottise humaine
D'espérer le bonheur ! et j'accours le chercher !

HABAKUK, stupéfait.

Ici ?

ORFIZ.

Parfaitement !

HABAKUK.

As-tu, pour l'aguicher,
Beaucoup d'argent ?

ORFIZ.

Du tout !

HABAKUK.

A défaut de pécune,
As-tu des amitiés parmi les grands ?

ORFIZ.

Aucune !

HABAKUK.

Quelque complicité sournoise avec quelqu'un ?
N'as-tu jamais commis de mauvais coup ?

ORFIZ.

Aucun !

HABAKUK, philosophe.

Ta chance est maigre alors de rencontrer la chance !

ORFIZ.

Je suis jeune et vaillant !

HABAKUK.

Peuh! Jeunesse et vaillance
Ne se monnayent guère en ce pays !

ORFIZ.

Pourtant,
La loi soutient le faible !

HABAKUK.

Oh! contre l'impotent !
Mais pas contre le fort !

ORFIZ.

Chypre brille !

HABAKUK.

Qu'importe
L'éclat d'un lustre, à moi dont la chandelle est morte!

ORFIZ.

Toi-même, es homme libre et ne peux le nier !

HABAKUK.

Homme libre, en effet, de tresser ce panier !

ORFIZ.

Les dogues du malheur jappent donc à tes trousses
Que tu grondes sans trêve, et toujours te courrouces?

HABAKUK, avec explosion.

Oui ! j'étouffe de rage ! et je sors de ma peau!
Je voudrais rendre au sort vipère pour crapaud !
...Je voudrais !... Autrefois, j'acceptais mieux les choses
Je me disais : « Mon vieil Habakuk, tu disposes
D'une cahute, d'une blouse en bon état,
D'une enfant, d'un trésor, d'un ange, ta Rita,
Et d'un moyen, quand se fait rare la pâture,
De souper! en serrant de deux crans, ta ceinture ! »

Et je me convainquais ! Mais voici que le Roi,
A ma barbe, à mon nez ! là, juste en cet endroit,
A fait édifier ce château de féerie
Dont le luxe insolent me nargue et m'injurie !
Le palais orgueilleux à mon humble maison
Fait la nique et me force à la comparaison !
Les marbres du perron raillent mon seuil de boue
Et les fenêtres sont des grimaces !...

ORFIZ.

Avoue
Que tu crèves d'envie !

HABAKUK.

Eh ! je l'avoue aussi.

ORFIZ.

Crois-tu donc que le roi vive exempt de souci ?

HABAKUK, riant rageusement.

Lui ? Quelle farce ! Il trône, il domine, il commande !
Il peut tout ce qu'il veut ! Tout ! Demain, s'il demande
La lune, on montera la lui chercher ! Sent-il
Que ce col-ci m'étrangle ?

ORFIZ.

Il serait bien subtil
S'il souffrait d'un tourment que tu lui tais !...

HABAKUK, sérieux.

Ecoute !
Parler franc ? Et si c'est ma tête qu'il m'en coûte ?
J'aime encor mieux, je ne m'en suis jamais caché,
Avoir le cou serré qu'avoir le cou tranché !
Dire la vérité ? Pour qu'on règle mon compte ?
Le seul qui l'ait osé, l'a payé cher !

ORFIZ, avec agitation.

Raconte !...

HABAKUK.

C'était le général Gandolin !

ORFIZ, avec un sursaut.

Gandolin !

HABAKUK, surpris.

Tu l'as connu ?

ORFIZ, vivement.

Non ! mais... poursuis !

HABAKUK, soupirant.

Il était plein
De loyauté ! le cœur fidèle et l'esprit grave !

ORFIZ, avec émotion.

Tu l'as aimé ?...

HABAKUK, avec feu.

C'était un bon ! c'était un brave !
Il était le bras droit du roi reconnaissant.
Or, Bérengar, — depuis devenu tout-puissant, —
Mais qui, dans ce temps-là, renard pauvre et vorace,
Tournait, rôdait, de l'antichambre à la terrasse,
A l'affût d'une charge ou d'un poste à la cour,
Bérengar convoitait le premier rang. Un jour,
Il rencontre le roi sortant de la chapelle.
Il s'arrête, il s'exclame, il joint les mains, appelle,
Tombe à genoux et dit : « Que Votre Majesté
Me bénisse ! A son front un nimbe de clarté,
Une auréole en feu rayonne ! et l'égalise
Aux saints couronnés d'or peints aux vitraux d'église ! »

Le roi fut étonné d'abord; et puis, ravi!
Car ce nimbe, à l'instant, tout le monde le vit,
Les gardes, fiers guerriers, les prêtres, fins apôtres,
Et les aveugles l'admiraient comme les autres !
Gandolin se taisait; mais le roi le manda :
« Je te sais ami sûr et valeureux soldat !
Que vois-tu sur mon front ? Parle-moi sans contrainte ! »
Gandolin, froidement, — il ignorait la crainte ! —
Regarda, ne vit rien, et dit : « Je ne vois rien ! »
Alors...

ORFIZ, avec violence.

Alors, ce roi bannit ce citoyen,
Et Gandolin, proscrit, dépouillé...

HABAKUK.

Mais tu pleures?

ORFIZ.

Est mort de désespoir, en exil !

HABAKUK.

Tu nous leurres,
Fils ! Tu n'es pas celui que tu parais !...

ORFIZ.

Je suis
Un triste vagabond sans nom, mais je poursuis
Un but. Adieu !
Il charge son baluchon sur son épaule et va pour sortir.

HABAKUK.

Tu pars?

ORFIZ, s'éloignant.

Je marche !
On entend plus rapproché le son des cors.

Hein?

HABAKUK.

        Il approche !
C'est la chasse du roi !

  ORFIZ, s'arrêtant.

   Du roi ?

  HABAKUK.

       De roche en roche
L'écho bondit !...

  ORFIZ.

   Le roi vient ici ?

  HABAKUK.

        C'est un fait.
Même, il consent à prendre un déjeuner parfait,
Dans son château, là, juste en face.

  ORFIZ, il repose son baluchon à terre.

        Alors je reste !

  HABAKUK.

Tu restes ?

  ORFIZ.

  Je veux voir le roi !...

  RITA, sortant de la hutte.

       Vite ! allons ! preste !
La nappe est mise.
   Apercevant Orfiz.
   Un étranger ?

  ORFIZ, souriant.

       Comme tu vois !
Mais qui croit retrouver son pays ! tant ta voix,

Ressemble au chant des oiselets de sa patrie!
A Habakuk.
Et toi, bourru! Tu te dis pauvre?

HABAKUK.

Je le crie!
Pauvre! dépenaillé! nu! pitoyable! — Enfin,
Viens manger un morceau!...

RITA.

Vous devez avoir faim?

ORFIZ, à Habakuk.

Eh quoi! ton dénûment accueille ma misère!

HABAKUK, indiquant un coin de sa cahute.

Tu pourras voir le roi du fond de la resserre.

RITA, gaîment.

A table!

ORFIZ.

Soit!
A Habakuk.
Quel est le nom de cette enfant?

RITA, avec une révérence.

Rita.

ORFIZ.

Conduis-moi donc, Rita.

RITA, ouvrant la porte de la cahute.

Passez devant!
Pendant qu'Orfiz entre, à son père.
Il est gentil!...

HABAKUK, se tapant le front du doigt.

Un peu toqué!

## SCÈNE V

### LE ROI, MADDALENA.

Tous les deux, en costumes de chasse entrent à droite.

MADDALENA, s'arrêtant.

     Je le désire,
Quittons-nous. Les chasseurs sont loin.

LE ROI.

        Laissons-les!...

MADDALENA.

          Sire,
Nous voici hors de la forêt.

LE ROI, feignant l'étonnement.

     C'est vrai, pourtant!
Que le chemin est court, fait en vous écoutant,
Maddalena! L'espace et le temps s'abolissent,
Devant vos pieds menus qui volent et qui glissent!
L'aboi des chiens, le son des cors, tout s'est éteint :
C'est comme un songe en fleurs dans les fleurs du matin!

MADDALENA, pensive.

Oui, j'ai marché comme en un rêve!...

LE ROI.

       Ma chère âme,
Pourquoi vous réveiller? Je vous tiens en ma trame ;
Rêvez encore!...

MADDALENA, se reprenant.

Oh! non!

LE ROI, pressant.

Pourquoi?

MADDALENA.

Mais!...

LE ROI.

Que d'émoi
Mon Dieu!

MADDALENA, troublée.

Là-bas, mon père est inquiet de moi!
Je pars.

LE ROI.

Vous resterez!

MADDALENA, avec un sursaut de révolte.

Vous voudriez?...

LE ROI.

J'ordonne!
Maddalena, trésor qu'une ruse me donne,
Tu ne t'en iras pas! Crois-tu donc que je dois
Laisser un tel bonheur filer entre mes doigts?
Que je t'ai là, pour rien, palpitante et surprise,
Et que je vais te rendre avant de t'avoir prise?

MADDALENA, avec un grand cri.

C'était un piège?

LE ROI.

Eh, oui!

MADDALENA, avec une indignation farouche.
      Vous avez fait cela !
Vous, Sire ! Mais le roi n'a que les droits qu'il a.
Qui vous confère un droit sur moi ?

LE ROI.
       Qui ? mais toi-même !
Ton regard qui sourit, ton sourire qui m'aime,
Car tu m'aimes, ne dis pas non, tu mentirais !

MADDALENA.
Avant ce jour j'aurais menti ! mais pas après !

LE ROI.
Je suis le maître

MADDALENA.
   Alors maîtrisez-vous !

LE ROI.
        Silence !

MADDALENA, froidement.
Je puis partir ?

LE ROI.
   Je subirais ton insolence ?
Moi, le roi ! qui d'un mot, d'un geste, d'un clin d'œil,
Dispense à mes sujets l'allégresse ou le deuil !
Moi qu'élut la Sagesse éternelle elle-même,
Pour le sceptre terrible et pour le diadème !
Moi ! dont le front hérissé d'or n'a de pareil
Que l'échevèlement rayonnant du soleil !
Moi ! dont le regard fait clignoter les étoiles !
Moi ! pour qui rien n'est clos, ni barrières, ni voiles ;
J'accepterais qu'une fillette à mon loisir,

Fermât son cœur, quand je l'honore d'un désir ?...
La fureur t'allait bien ! Je suis sans amertume ;
Mais prends garde à présent, car je n'ai pas coutume
De prier quand je puis commander !...

   MADDALENA, hautaine et méprisante.

            Vous ! le roi ?
Votre pouvoir est haut, mais mon honneur est droit !
Vous pouvez me tuer, mais non m'avoir vivante !
Sire ! du souverain je suis l'humble servante,
Mais l'homme qui me veut est mon humble servant !

   LE ROI, de plus en plus affolé.

Ton humble servant ? Moi ! Non ! par le Dieu vivant !
C'est toi qui tomberas à mes pieds, fille altière !
Ma victoire croîtra de ta défaite entière !
Tu cacheras ta tête au pli de mon manteau !
Sois de glace et d'acier ! Tout à l'heure, au château,
Au brasier des baisers se fondront tes froidures,
Et tu regretteras tant de paroles dures !
Viens !...

           Il veut la saisir.

   MADDALENA, se débattant.

  Jamais !

   LE ROI, il la prend dans ses bras.

      Laisse-moi t'emporter ! Je te sens
Frissonner. Ton cœur bat ! Tu trembles ! Tu consens !...
Tu m'aimes !...

   MADDALENA, se dégageant brusquement.

  Je te hais !

   LE ROI, furieux.

    Ah !

## SCÈNE VI

Les Mêmes, DIOMÈDE, également en habit de chasse.

MADDALENA, *elle se jette, éperdue dans les bras de son père qui entre par la droite.*

Mon père! mon père!

Au secours!

DIOMÈDE.

Qu'y a-t-il?

LE ROI, *à part, furieux.*

Diomède!

DIOMÈDE.

J'espère

Avoir mal vu!

MADDALENA, *dans ses bras.*

Protège-moi!

DIOMÈDE, *il fait un pas en avant.*

Honte sur nous!

LE ROI, *écumant.*

Ah! tais-toi! si tu tiens à la vie! A genoux!

DIOMÈDE, *debout.*

Non, Sire, mes genoux sont peu de ceux qui ploient.
Qu'à ces prosternements vos esclaves s'emploient!
Moi, je sers librement, suivant ma volonté.
Nous sommes dévoués à Votre Majesté,

Tous ceux de ma maison et ma fille si chère !
Mais notre dévouement n'est pas mis à l'enchère,
Nous ne le vendons point, nous le donnons. Aussi,
Vous pouvez nous jeter au bourreau, sans merci !
Mais vous ne pouvez pas nous abaisser ! non, Sire.

### LE ROI.

Quoi ! l'on ose !... à moi qui pétris comme la cire
Le sort de tout un peuple ! on ose !... point par point,
Signifier ce que je peux et ne peux point !

> Orfiz sort inaperçu de la hutte, écoute quelques instants, puis disparaît lentement, par le fond, à droite.

Ce que je peux ! vous l'allez voir !

> Tourné du côté du château et criant.

Holà !

> A Diomède et à Maddalena.

J'abaisse
Qui je veux ! car je suis le Pas et vous l'Herbe !

> Retourné du côté du château, furieux.

Est-ce
Que l'on dort en plein jour là-dedans ?


## SCÈNE VII

Les Mêmes, FALBALA et PLUSIEURS DOMESTIQUES.

> Falbala et les domestiques accourent l'un après l'autre dégringolant les marches du perron du château.

FALBALA, éperdu d'humilité.

Sire roi !

PREMIER DOMESTIQUE.

Seigneur!...

DEUXIÈME DOMESTIQUE.

Nous accourons!...

TROISIÈME DOMESTIQUE.

Pleins de respect!...

QUATRIÈME DOMESTIQUE.

D'effroi!

LE ROI, autoritaire.

Assez! Ma suite? où donc est-elle?
*Falbala et les domestiques restent pétrifiés. Silence.*

Allez-vous pondre?
Que vous m'arrondissez des yeux blancs, sans répondre?

FALBALA, timidement.

Ils sont...
*Il désigne le château.*
Là-haut!

LE ROI.

Que tous descendent!
*Tous les domestiques se précipitent. Falbala veut les suivre, mais le roi le retient.*

Falbala!
Toi, reste! Quels sont les croquants qui logent là?
*Il désigne la cahute d'Habakuk.*

FALBALA, très dégoûté.

Sire! des loqueteux infimes!

LE ROI.

C'est bien!

## SCÈNE VIII

Les Mêmes, BÉRANGAR, PANFILIO, FERRANTE, STEFANO et Autres Grands Seigneurs et Dames de la Cour. Tous les hommes épées et dagues au flanc. Ils entrent, suivis de laquais. Foule sur la scène.

BÉRANGAR.

Vive Le roi!

TOUS.

Vive le roi!

LE ROI.

Bérangar! bon convive
Et bon ami! Vous tous mes féaux, dites-moi
Qui je suis?

BÉRANGAR.

Notre prince!

FERRANTE.

Un héros!

PANFILIO.

Notre roi!

FERRANTE.

L'ancre du peuple! et le soleil qui nous éclaire!

PANFILIO.

La foudre! dont tout ennemi craint la colère!

BÉRANGAR.

Vive le roi !

TOUS.

Vive le roi !

LE ROI.

Donc, vous sentez
Que je suis bien le maître ! et vous vous soumettez !

*Avec rancune.*

Tout le monde n'est pas comme vous !...

BÉRANGAR, *avec une indignation fort bien imitée.*

Quelqu'un ose ?...

LE ROI, *concentré.*

Paix ! Vous allez goûter l'effet après la cause.
L'orgueil sera puni !

*Il frappe à la porte de la cahute d'Habakuk.*

FERRANTE, *à part et bas à Bérangar.*

Qu'arrive-t-il ?

BÉRANGAR, *bas, un doigt sur ses lèvres et désignant le roi.*

Chut ! Tout
Va fort bien ! Diomède à bas, c'est un atout
Retiré de son jeu qui fait nos cartes belles !
Il verra de quel bois se chauffent des rebelles,
Le héros, le zéro !

FERRANTE, *craintif.*

Chut !

*Le roi continue de frapper.*

## SCÈNE IX

### Les Mêmes, HABAKUK et RITA.

*Habakuk et Rita apparaissent dans l'encadrement de la porte de la cabane.*

#### HABAKUK.

Qui frappe si fort ?
Dieu ! le roi ! c'est le roi !

*Il se jette à plat ventre par terre.*

#### LE ROI.

Lui-même !

#### HABAKUK.

Je suis mort !

*Gémissant.*
Seigneur !...

#### LE ROI.

Ton nom ?

#### HABAKUK.

Mon nom ? c'est... mon nom ? Je l'oublie !
J'ai trop peur ! je...

*Il grelotte d'angoisse, toujours prosterné.*

#### RITA, s'avançant.

Monsieur le roi, je vous supplie !
Il s'appelle Habakuk. Il est vanier, connu
Pour son honnêteté !...

LE ROI, à Rita.
    Beau profil ingénu
Et toi ? qu'es-tu ?

    RITA.
  Sa seule enfant.

    LE ROI.
        Qu'il se relève !

HABAKUK, il se redresse à demi sur ses genoux.
Daigne, ô grand roi, nous épargner le fil du glaive !
On est de pauvres gueux !...

    RITA, à Habakuk.
      Le roi ne te dit rien !

    HABAKUK.
Pas méchants !...

    RITA.
  Le roi veut que tu te lèves.

HABAKUK, il se remet debout avec hésitation.
            Bien !
Bon ! Merci !

  LE ROI, à tous, puis à Diomède et Maddalena.
    Que l'orgueil de quiconque m'affronte
Reçoive ici châtiment net et leçon prompte !
Diomède et Maddalena ! de cet instant,
Je vous bannis de ma présence, en vous ôtant
Titres et dignités, grades et privilèges !
Soient vos biens confisqués au profit des collèges ;
Et votre écu rayé de nos blasons ! J'ai dit !
En outre ! et pour l'éclat de votre discrédit,
Je hausse en votre lieu ces mendiants sordides !
 Il désigne Habakuk et Rita.
Leurs loques feront place à vos habits splendides !

Ils seront ce que vous étiez ! Ce qu'ils étaient
Vous le serez ! et, sous les noms vils qu'ils portaient,
Vous logerez dans ce taudis,
> Il indique la cabane d'Habakuk.

BÉRANGAR, ricanant.

Perle des bouges !

LE ROI.

Où vos fiertés « pourront » courber leurs crêtes rouges !
> Stupeur. Mouvement dans le groupe des courtisans. Puis :

DIOMÈDE.

Et personne qui nous défende !

PANFILIO.

Le roi n'est
Que juste !

DIOMÈDE, aux courtisans.

Lâches sots ! dont chacun flagornait
Ma fortune ! et guettait ma chute !

BÉRANGAR.

Méritée !

MADDALENA.

Ah ! père ! laisse là cette horde ameutée !
Pourquoi t'humilier devant ces gens ? Celui
Qui nous prend tout ne nous prend rien ! puisqu'aujourd'hui
Comme hier, nous gardons la tête et les mains hautes !
> Au roi.

Vous, Sire ! que le ciel vous pardonne vos fautes !

LE ROI, furieux.

Plus un mot !
> Sur un signe du roi, Diomède et Maddalena sont menés
> dans la hutte par deux valets. A Falbala, lui indiquant
> Habakuk et Rita.

Falbala ! conduis ce père-grand
Et sa fille, au château ; qu'ils soient, selon leur rang,
Vêtus de soie et d'or. — Bérangar !

BÉRANGAR, il s'avance avec des courbettes.

Roi sublime ?

LE ROI.

Tu m'aimes ?

PANFILIO, à part, à Ferrante.

Comme le serpent aime la lime !...

BÉRANGAR, au roi.

Plus que mes yeux !...

Ils remontent vers le fond.

FALBALA, à Habakuk, il s'incline profondément.

Monsieur le duc !

HABAKUK, tressautant.

Hein ? s'il vous plaît ?

FALBALA, plié en deux.

Qu'ordonnera Monsieur le duc à son valet ?

HABAKUK, complètement ahuri.

Sacrr !... Je dors, Rita ? Pince-moi.

RITA.

Non ! tu veilles !

HABAKUK, à Falbala.

Je suis duc ?

FALBALA, goguenard.

Notre roi peut toutes les merveilles !

Respectueux.

Vous êtes duc ! et vous habitez au château !

HABAKUK, se grattant l'oreille.

Et... l'autre... va coucher dans ma hutte ?

FALBALA, il rit.

Plutôt !

HABAKUK.

Ah ! mais, pardon ! Monsieur l'Excellence ! ma hutte
Est confortable ! Et mes paniers ?

FALBALA.

La noble lutte
Politique et d'autres devoirs vous prendront !...

HABAKUK, mal convaincu.

Mais
Voici huit jours ! huit jours entiers que je promets
Un panier à Beppo pour sa femme.

FALBALA, avec une suprême indifférence.

Oh !

HABAKUK.

Ma fille
Est la fille d'un duc ?

FALBALA, protocolaire.

Elle est de la famille.

HABAKUK, il se prend la tête à deux mains.

C'est trop ! c'est trop pour mon vieux crâne !

*Les deux domestiques qui ont conduit Diomède et Maddalena dans la hutte, en sortent et viennent se ranger devant Habakuk. Ils ont une attitude raide et militaire. Alors, les gourmandant.*

FALBALA.

Eh bien ! lourdauds ?

*A l'instant même, les deux valets s'inclinent jusqu'à terre.*

HABAKUK, flatté.

Je suis un vrai légume ! Ils font tous le gros dos !

FALBALA, obséquieux.

Que Monseigneur me suive...

Les précédant, il emmène Habakuk et Rita au château. Cependant qu'ils traversent la scène.

PREMIÈRE DAME DE LA COUR, sur le perron du château.

Hélas ! quelle figure !

DEUXIÈME DAME.

Figure ? fi ! parlez d'un museau ! d'une hure !
D'un groin !

TROISIÈME DAME.

La petite a des yeux assez beaux !

PREMIÈRE DAME.

Mais elle a le cou noir et porte des sabots !

DEUXIÈME DAME.

Quelle horreur ! que ces gens !

# SCÈNE X

Les Mêmes, moins DIOMÈDE, MADDALENA, HABAKUK
et RITA. Puis ORFIZ.

LE ROI, pensif. Il descend seul à l'avant-scène.

Oui ! la toute-puissance,
Je l'ai ! Je puis briser la désobéissance,
Punir la félonie et la rébellion,
Rogner la langue à l'homme et la griffe au lion !
Et pourtant, par moments, l'effleurement d'un doute
Me trouble. Si j'étais trompé ? Je le redoute

Sans le penser! Comment? Par qui? nul n'oserait!...
N'importe!... Si quelqu'un m'apprenait le secret
De lire au fond du cœur des femmes et des hommes,
Je le couvrirais d'or, sans regarder aux sommes!

*Il se tourne vers ses courtisans.*

Allons!

*Au moment où le monde se dirige vers le perron du château, un brouhaha éclate au fond. C'est Orfiz qui veut parler au roi, et tente de forcer le cercle qui l'entoure.*

STEFANO, *au fond, à Orfiz.*

Arrière!

BÉRANGAR.

Qu'est-ce?

FERRANTE, *à Orfiz.*

Au large!

PANFILIO, *à Bérangar.*

Un vagabond
Qui demande...

ORFIZ, *d'une voix retentissante.*

Je veux parler au roi.

BÉRANGAR, *avec autorité.*

C'est bon!
Enlevez-le!

ORFIZ, *se débattant et clamant.*

J'apporte au roi ce qui lui manque!

LE ROI, *frappé.*

Ce qui me...

*Tout le monde s'écarte.*

Laissez approcher ce saltimbanque!
Laissez...

*Orfiz, dégagé, s'avance vers le roi et s'arrête.*

LE ROI, à Orfiz.

Tu viens d'émettre un mot fort imprudent!
Et... que me manque-t-il?

ORFIZ, s'inclinant.

Ce que, mon art aidant,
Moi seul peut vous donner!

LE ROI, railleur.

Ton art? Art difficile
Et rare! Qu'es-tu donc?

ORFIZ.
Un tailleur!

LE ROI, haussant les épaules.

Imbécile!
J'ai plus de mille habits!

ORFIZ.
Soit! mais vous n'avez pas
L'habit magique!...

BÉRANGAR, il veut arracher le roi à la conversation.
Sire...

LE ROI, le repoussant, à Bérangar.
Un moment!

ORFIZ.
Ici-bas,
Il faut pour endosser ce vêtement insigne,
Un être unique et rayonnant, marqué du signe,
D'argent comme la neige et d'or comme le feu!
Un roi vainqueur des rois, un homme presque dieu!
Un cœur sans défaillance, un esprit sans lacune!
Et c'est pourquoi,—car de telle âme il n'en est qu'une!—
Je suis venu vers vous du fond de l'Orient!

BÉRANGAR, avec reproche et jalousie.

Sire! vous écoutez ce hâbleur?
LE ROI, plus intéressé qu'il ne voudrait le paraître.
En riant!
A Orfiz.

Mais parle encore! Explique-toi!
Bérangar hausse les épaules. — A Bérangar.
Paix!
BÉRANGAR, furieux, à part.
Que ta langue
T'étouffe!
PANFILIO, avec un mauvais regard, à Orfiz.
Et puisses-tu crever de ta harangue!
Ils remontent au fond vers le groupe des seigneurs.
ORFIZ.

Sire! on m'appelle Orfiz. J'ai vingt ans. Je suis né
Au pays Chaldéen, jadis illuminé
Par la première aurore éblouissant la terre.
La Nature vieillie est lourde de mystère
En ces lieux ancestraux où l'aïeul des humains
Hasarda ses pas nus sur le sol sans chemins.
Or, quelquefois, pour nous, ses rejetons plus proches,
Faits du sel de son sable et du tuf de ses roches,
Elle soulève un coin de voile, et nous transmet
Des sortilèges devant quoi tout se soumet!
Mon père obtint ce talisman.
Il sort de sa poitrine une pierre brute, retenue par une chaînette.
C'est une pierre!
Pour qui n'a qu'un regard d'erreur sous la paupière.
Mais pour l'initié, c'est le don précieux

De discerner au creux des âmes et des yeux
Toutes les vérités d'avec tous les mensonges !

LE ROI.

Tu te gausses, maraud ! et nous contes tes songes !
Prête-moi ce caillou.

ORFIZ, remettant la pierre dans sa poitrine.

Je ne le puis, grand roi ;
Mais...

LE ROI, avec colère.

Prends garde ! je suis moins clément qu'on ne croit,
Tu mets à forte épreuve un faible philosophe !

ORFIZ.

Mais... je puis en tisser le « charme » dans l'étoffe
De l'habit que je vous propose...

LE ROI, vivement.

Tout compté,
Si j'accepte ?...

ORFIZ, grave.

Vous connaîtrez la vérité !

LE ROI.

Promesse audacieuse !

ORFIZ.

Et qui sera tenue !
Oh ! Sire ! Quel habit ! Sa splendeur inconnue,
L'éclat de sa couleur, l'éclat des agréments,
Soutaches et galons, plumetis, diamants,
Comme un feu de joyaux, comme un chatoiement d'ailes
Resplendiront aux yeux des bons et des fidèles !
Et par contre, les sots, les traîtres, les méchants,
N'en verront pas un fil ; même si dans les champs

Le soleil le plus vif jette à flots sa lumière !
Pour eux qu'aveuglera leur fourbe coutumière
Il sera sans couleur ni forme, néant ! rien !
Plus impalpable que le souffle aérien !...

> Pendant qu'Orfiz a parlé, les seigneurs se sont peu à peu rapprochés et forment groupe à deux pas.

LE ROI, se retournant vers eux.

Qu'en pensez-vous, amis ?

PANFILIO.

Radotage !

FERRANTE.

Démence !

BÉRANGAR, très âpre.

Et lèse-majesté !

LE ROI, rêveur.

Le Possible est immense !
On ne limite pas le réel.

BÉRANGAR.

Il est sûr
Qu'on force l'invisible au rayonnement pur !
Ce nimbe !...

> Il indique le front du roi d'un geste.

TOUS, ils s'inclinent.

C'est vrai, Sire !

LE ROI, brusquement à Orfiz.

Hé bien ! fais donc ta preuve,
Chaldéen ! mais je t'avertis, avant l'épreuve
Que si tu m'as dupé, tu mourras !

ORFIZ.

Je vivrai !

LE ROI.

Ta tête est mon garant? Est-ce dit?

ORFIZ.

C'est juré!

LE ROI, se retournant vers les gens de la suite.

Bien! que l'on aménage à cet homme, sans faute,
Un atelier dans le palais. Il est mon hôte!

Il fait un signe de congé à Orfiz, puis s'adressant aux seigneurs.

A table!

VOIX DIVERSES.

Vive Astolph!

AUTRES VOIX.

Vivat!

LE ROI, pendant que chacun se dirige vers le perron du château, il reste en arrière, isolé et regarde d'un long regard la cabane où a disparu Maddalena.

Vienne le jour
Où sombrera dans tout cet océan d'amour
La haine unique de la seule que j'adore!

Il monte le perron et disparaît, non sans avoir fait un signe à Falbala qui vient d'apparaître, et à ce moment éclatent, jusqu'au tomber du rideau, les accords d'une musique de festin joyeux.

ORFIZ, seul, il regarde du côté par où le roi est sorti.

O roi qui fuis la Vérité! Si je la dore
D'un vain semblant, tu la suivras! Dire qu'il faut,
Pour éviter la hart, mériter l'échafaud!
Tromper pour être cru; puisque rien n'est plausible
Que le faux! et que tu ne vois que l'invisible!

Rideau.

# ACTE DEUXIÈME

Une salle dans le palais. L'Atelier d'Orfiz. Portes à droite et à gauche. Au fond, une large draperie cache une pièce en recul.

---

## SCÈNE PREMIÈRE

BÉRANGAR, FERRANTE.

BÉRANGAR, il entre par la porte de gauche, traverse la scène et ouvre la porte de droite.

Entre! allons! nul ne nous dérangera!

FERRANTE, il entre avec précaution.

Pourtant,
Le tailleur? il travaille ici! S'il nous entend?...

BÉRANGAR.

Il est trop occupé de sa sorcellerie!

FERRANTE.

Moi, je le crains! Et toi?...

BÉRANGAR.

      Quelle plaisanterie!
J'ai moi-même plaidé sa cause auprès du roi!

FERRANTE.

Et cela te paraît très adroit?

BÉRANGAR.

       Très adroit!
Astolph guigne ce pitre; est-ce que tu préfères
Lui voir fourrer le nez dans nos propres affaires?

FERRANTE, avec empressement.

Non!

BÉRANGAR.

Cet Orfiz est un escroc, gueux comme un rat !
Que nous démasquerons quand il nous gênera!

FERRANTE, hésitant.

Et... s'il le possédait... ce don?...

BÉRANGAR, avec hauteur.

        Peu nous importe,
— Deviens-tu fou? — que le talisman qu'il apporte
Dévoile les méchants et les sots, puisqu'en fait,
Les sages et les bons, c'est nous!

FERRANTE, sursautant, puis se reprenant.

       Nous?... En effet!
Evidemment... Je n'y songeais plus!

BÉRANGAR.

        Notre rêve
— En est-il un plus grand dans l'existence brève? —
Est de rendre au pays sa sainte liberté
En le débarrassant d'un tyran détesté!

## ACTE DEUXIÈME

FERRANTE.

Admirable !

BÉRANGAR.

Le peuple, allègre et pacifique,
Acclamera bien haut ses sauveurs !

FERRANTE.

Magnifique !
Et nous partagerons le pouvoir à nous deux !

BÉRANGAR.

Assurément !

FERRANTE.

Sublime !

BÉRANGAR.

Enorme !

FERRANTE, avec pusillanimité.

Et hasardeux !

BÉRANGAR, narquois et hautain.

As-tu peur ?

FERRANTE, avec un beau geste.

Moi ? Jamais !

BÉRANGAR.

Rassure tes alarmes !
Poltron ! J'ai sous la main toute une armée en armes ;
Et comptes-tu pour rien les accès malfaisants
D'Astolph qui vont multipliant nos partisans !
Sa vanité sans cesse accrue et qui déborde !
Car j'ai pincé la chanterelle à pleine corde ;

Je l'ai si bien dit : grand! que je l'ai fait petit;
Génial! qu'il s'en s'est platement abêti;
Voyant ! qu'il n'y voit goutte ; aimé! qu'il se figure
Entouré d'un rempart d'amour! — ris, vieil augure! —
Aimé! ce fou niais qui, par grâce d'Etat,
A chassé le dernier ami qui lui restât!

FERRANTE, pensif.

Diomède?...

BÉRANGAR.

Il était à craindre

FERRANTE.

Mais les autres?

BÉRANGAR, méprisant.

Les autres sont à qui triomphe : ils seront nôtres!
Ils laissent leur manteau flotter au gré du vent,
Et si leur maître tombe ils l'enterrent vivant!

FERRANTE.

Quand marchons-nous ?

BÉRANGAR.

Quelle impatience!

FERRANTE.

Sincère!

BÉRANGAR, moqueur.

Oui? —
Sérieux.

Le roi doit fêter bientôt l'anniversaire
De son couronnement. J'ai choisi ce jour-là.
Pendant que flamboieront les torches de gala
Sur la ville qui chante et la foule qui vibre,
Nous accomplirons l'œuvre! et Chypre sera libre!

FERRANTE, enthousiasmé.

Vive la liberté ! — Le soir nous serons rois !
Vive la liberté de Chypre !

Il sort à droite.

FERRANTE, seul, à mi-voix et ironique.

Si tu crois
Que j'ai besoin de toi pour porter la couronne !...

Il sort à gauche.

## SCÈNE II

FALBALA, HABAKUK, Deux Pages.

Falbala ouvre majestueusement la porte de droite à Habakuk qui est vêtu avec un luxe exagéré et que suivent deux pages continuellement attachés à sa personne.

FALBALA, s'effaçant devant Habakuk.

Monsieur le duc !

HABAKUK.

De l'air ! Qu'on me désenvironne !
Les pages le suivent pas à pas.
J'étouffe !

FALBALA, obséquieux.

On vous aura manqué ? Ces jeunes gens ?...

HABAKUK.

Du tout ! Ils sont jolis, polis, bien obligeants !...
Ils m'assomment ! Leur marche à ma marche se visse !
Ils sont toujours sur mes talons !

FALBALA.

C'est leur service !

HABAKUK.

Et si je veux m'aller promener sans témoins ?

FALBALA, péremptoire.

Un duc ne sort jamais sans deux pages ! au moins !

HABAKUK.

Foin du duché ! Je bous ! Je finirais par mordre ! Qu'attendent-ils ?

*Il désigne les pages.*

FALBALA.

Un ordre !

HABAKUK.

Ils attendent un ordre ? Ils vont être servis !

*Il se tourne vers les pages et d'une voix de tonnerre.*

A mon commandement !

*Les pages prennent immédiatement une attitude militaire, les mains dans le rang, alignés de façon qu'ils tournent le dos à la porte de droite.*

Demi-tour !

*Les pages font demi-tour et se trouvent face à la porte.*

En avant ! marche !

*Les pages marchent, ouvrent la porte, disparaissent.*

Bon mouvement !

Ouf !

*Il se frotte les mains avec ravissement.*

FALBALA, après un temps.

Si nous reprenions notre leçon d'usage Et de maintien ?

### HABAKUK.

Encor ?

### FALBALA.

C'est l'heure !...

### HABAKUK.

Du dressage ?

### FALBALA.

Fi ! fi ! Monsieur le duc ! Quelle vulgarité !

### HABAKUK.

Je suis comme je suis !

*Il agite démesurément des bras exaspérés.*

### FALBALA.

Rien n'est plus mal porté
Que ces grands moulinets de bras en coups de hache !

### HABAKUK.

J'aurais cru que cela me donnait du panache !

FALBALA, *il se livre à quelques mouvements étriqués.*

Erreur ! Le geste doit être sobre. Voici !

### HABAKUK.

Bon !

### FALBALA.

Les coudes au corps. Allez !

HABAKUK, *qui fait preuve de bonne volonté.*

Comme ceci ?

### FALBALA.

C'est déjà mieux ! La bouche un peu moins large !

HABAKUK.

                                               Diable !
Ce défaut m'apparaît comme irrémédiable !
Je ne suis pas l'auteur de ma bouche.

FALBALA.

                                      Elle peut
S'affiner par l'expression !

HABAKUK.

                     Si peu, si peu !
Que je n'en serai pas plus beau, me fît-on prince !
Jadis, je ne dis pas... quand j'étais jeune et mince
Pour ma femme !... J'avais une femme, mon cher,
Saine et solide, accorte à l'œil et bien en chair
Des cuisses de héros, des bras comme des marbres !...
Rita vivait, qu'elle grimpait encore aux arbres !...

FALBALA, scandalisé.

Chut !

HABAKUK.

Quoi ?

FALBALA.

           Monsieur le duc, un duc parle autrement
D'une duchesse !

HABAKUK, ahuri.

          Une duchesse ? qui ? comment ?
Ah ! j'ai le cerveau plein de guêpes et d'abeilles !
Et je suais bien moins à tresser des corbeilles !...

## SCÈNE III

Les Mêmes, RITA. entrant par la droite, plus tard Orfiz.

HABAKUK.

Rita !

RITA, elle l'embrasse avec pétulance.

Père chéri, bonjour !

HABAKUK.

Je t'attendais !

D'où viens-tu ?

RITA.

Du jardin !

A Falbala, avec une révérence moqueuse.

Monsieur le Grand-Dadais

Je vous salue !

FALBALA, estomaqué.

Oh !

RITA, elle met devant la bouche d'Habakuk une pomme déjà entamée.

Goûte à ma pomme ! Elle est verte

Mais sucrée !

HABAKUK.

Excellente !

FALBALA.

Oh !

RITA, gaie.

Ma fenêtre ouverte,
Ce matin, — tout dormait encor dans le palais,
Et j'étais bien la seule à pousser mes volets !
J'ai sauté dans l'allée !...

FALBALA, fourbu de stupeur indignée.

Oh ! oh !

RITA, riant.

Par la croisée !
Et j'ai couru dans les parfums, dans la rosée,
Par les sentiers perdus, par les petits chemins !
J'ai pris ma longue robe idiote à deux mains,
Hop ! et j'ai galopé le long des aubépines !...
Même, j'ai déchiré ma traîne à des épines !

*Elle sort le morceau déchiré de sa poche et le jette à Falbala. — A Falbala.*

Voulez-vous le morceau pour en faire un mouchoir ?

HABAKUK, ravi.

Sa mère, absolument !

FALBALA, rogue.

Tout cela, c'est déchoir !
Mademoiselle ! Enfin !

RITA.

Oh ! le croquemitaine !

FALBALA.

Il existe à la cour une règle...

RITA.

Certaine !
C'est de ne jamais rire et de bâiller toujours !

FALBALA.

La dignité d'un duc...

RITA.

Les discours les plus courts
Sont les meilleurs ! Ainsi !...

FALBALA.

Ce que vous voyez faire
Aux autres, faites-le. C'est simple.

RITA.

Point d'affaire !
Je ne serai jamais comme ces autres-là !
Chuchoter dans les coins, trembler au moindre éclat,
Ne point oser manger ni boire à franche bouche,
Vivre en lièvre apeuré dont l'oreille se couche,
Regarder en dessous et marcher sur des œufs,
Si c'est la dignité d'un duc, il est oiseux
De nous la proposer ! Gardez-la pour vous-même !

FALBALA, consterné.

Je dois m'accoutumer à tout, fût-ce au blasphème.
Maintenant, écoutez l'ordre du jour.

*Il déplie un long rouleau de papier.*

Midi :
Rassemblement dans la salle du trône.

HABAKUK.

Dit,
Compris !

FALBALA, lisant.

Midi trois quarts : déjeuner.

HABAKUK.

Pas dommage !

FALBALA, lisant.

Deux heures : changement des habits, pour l'hommage
Au roi.

HABAKUK.

Fâcheux !

FALBALA, lisant.

De trois à sept, réception !
Promenade à cheval !

HABAKUK, il se frotte le derrière.

Aïe ! Equitation !

FALBALA.

A sept heures, dîner d'apparat. A neuf heures,
Concert. Dix heures : bal !

HABAKUK.

Assez ! tu nous écœures !
Grâce ! onze heures : la mort ! minuit : l'enterrement !

FALBALA, outré de l'irrespect.

Ma charge me réclame ailleurs, pour le moment.
Je vais...

Il va pour se retirer.

RITA, éclatant de rire désignant Falbala.

Père chéri, quand il boude, regarde
Comme il est drôle !

FALBALA, profondément froissé.

Moi ! moi ! Drôle ? Prenez garde !
La faveur du roi tient sur le fil d'un couteau !
Drôle ! Monsieur le duc !

Il s'incline jusqu'à terre.

HABAKUK.

Au revoir !

RITA.

A bientôt !

ORFIZ, il apparaît entre les deux pans du rideau du fond. A
Falbala qui va sortir par la porte de gauche.

Vous allez chez le roi ? Dites-lui que l'ouvrage
Est fait, parfait et n'attend plus que son suffrage !

Falbala sort.


## SCÈNE IV

Les Mêmes, moins FALBALA, ORFIZ.

RITA.

Mais c'est notre hôte ! Orfiz !

ORFIZ, il descend en scène.

Lui-même !

HABAKUK.

En ce palais !
Je suis ému ! Je verse un pleur ! car tu me plais !
Quelqu'un à qui parler ! Enfin !...

ORFIZ.

Je te présente
Mes compliments, heureux mortel !

HABAKUK, grognon.

Va ! va ! plaisante !
Crois-tu que le bonheur consiste à trop manger ?

ORFIZ.

Jadis, mangeant trop peu, tu désirais changer.

HABAKUK.

On t'a conté cela ! Nous étions fort à l'aise ;
Hein, Rita ?

RITA.

Moi, c'est vrai ! mais toi !...

HABAKUK.

Ne t'en déplaise,
J'étais gai comme un vieux pinson !...

ORFIZ.

Ecervelé !

HABAKUK.

Je jurais ! mais sitôt le juron envolé !
C'était fini ! Je ne buvais que de l'eau claire,
Mais j'y puisais le droit de m'en mettre en colère !
C'est quelque chose !

ORFIZ.

Mais... le labeur absorbant ?

HABAKUK.

Faut-il passer sa vie à flâner ? Sur mon banc
Là-bas, quand je tressais l'osier souple et docile,
J'oubliais tout ! c'était si simple et si facile !
Cela prenait des tas de formes sous mes doigts !...
   Triste.
Tout m'ennuie à présent ! J'ignore si je dois
Ou ne dois pas marcher, tousser, cracher ! et j'erre
De fêtes en festins ! je dors et je digère

Abominablement.
> Il s'assied.

                  Ah ! que bien volontiers
Je m'étendrais pour sommeiller huit jours entiers !
> Il bâille.

Mes enfants, bonne nuit !

> Il s'endort.

           RITA.

                Il a dans la cervelle
Tant de tracas !...

      ORFIZ, avec douceur.

          · Et toi, ta fortune nouvelle
Te gêne-t-elle aussi, Rita ?

           RITA.

                  Moins, mais souvent !
J'ai regret de ne plus travailler comme avant !
De ne plus balayer notre petit ménage !
Notre nid était chaud ! Pauvre père ! à son âge
Il aimait tant les soins que je prenais de lui,
Les chansons dont je l'égayais, les soirs d'ennui,
Ses fleurs que j'arrosais et qu'il trouvait gentilles,
Mes tartes au raisin et ma soupe aux lentilles !...

        ORFIZ, attendri.

Cela prouve combien le roi est impuissant !
Te faire noble, toi ! tu l'étais en naissant,
Petite sœur, petite fée...

  HABAKUK, il se réveille en grognant, cherchant à terre.

                Hoon !... Quoi ?... Vous dites !
Où donc est mon panier ?

RITA, *elle rit.*

Tu dormais !

HABAKUK.

Ah ! maudites
Les heures de réveil !... Libre et sans oripeau,
Je tressais le panier pour le voisin Beppo,
Sous le figuier !...

*Il se lève en s'étirant.*

## SCÈNE V

Les Mêmes, FALBALA.

FALBALA, *affairé.*

Encore ici ! Comment ! A table !
Le déjeuner du roi commence.

HABAKUK.

Lamentable !
Vois-tu, je ne vivrai pas vieux ! un déjeuner
De poivre rouge ! On veut, je crois m'assaisonner
Au piment ! J'y prendrai la goutte et la pépie :
Sur chaque plat, la Mort est assise et m'épie !

*Il sort avec désolation. Rita, le suivant se détourne vers Orfiz.*

RITA, à Orfiz.

A tout à l'heure !

*Elle sort.*

## SCÈNE VI

FALBALA, ORFIZ.

ORFIZ, il suit des yeux Rita qui s'éloigne.

Brave enfant !

FALBALA, avec faste.

Le roi veut bien
M'envoyer pour... Ecoute-moi ; tu n'entends rien !

ORFIZ, s'arrachant à sa contemplation.

Pardon ! le roi veut bien t'envoyer pour... Complète !

FALBALA.

... Pour juger, avant lui, l'effet de la toilette,
Du costume, que tu...

ORFIZ.

C'est trop juste. Il est là,
Derrière ce rideau. Regarde, Falbala !

Il va pour tirer le rideau, mais Falbala l'arrête.

FALBALA.

Attends ! attends !

ORFIZ.

Tes yeux vont jouir d'une aubaine
Rare ! Il est drapé sur un mannequin d'ébène ;
Et je vais...

Il fait derechef le geste de tirer le rideau.

FALBALA, empressé.

Es-tu si pressé ?... Donc, prétends-tu,

Ce vêtement miraculeux a la vertu
D'être invisible aux sots, aux méchants?

ORFIZ.

Invisible
Absolument! Dès lors, aucune erreur possible!
Tout homme, rustre en blouse ou seigneur à pourpoint,
Qui voudra voir mon œuvre et ne la verra point,
Sera jugé! Méchant ou sot! Les deux peut-être!

FALBALA, profondément perplexe.

Hum! c'est prodigieux!

ORFIZ, allant vers le rideau.

Mais, allons!

FALBALA, s'accrochant à lui.

Hélas! maître!
Arrête! Il me vient un scrupule! On a tôt fait
De méconnaître un homme!...

ORFIZ.

Et c'est là qu'en effet
Eclate la valeur de mon habit magique!
Grâce à lui, tel couard qu'on croyait énergique;
Tel scélérat qu'on jugeait probe; tel crétin
Qui se gonflait, bourré de son comme un pantin,
Verra tomber son masque ou crever sa bedaine
Quand croulera sur lui la vérité soudaine!
Allons!...

FALBALA, éperdu.

Une minute encore!...

ORFIZ.

Ton devoir
N'est-il pas de juger l'habit?

FALBALA, balbutiant.

Si...

ORFIZ.

Viens le voir.
Tu seras ébloui, mon cher !

FALBALA, avec une angoisse extrême.

Que Dieu me garde !

*Orfiz tire le rideau. On aperçoit une pièce complètement nue. Une fenêtre, à droite, y laisse plonger une nappe claire de soleil. Au premier plan, se trouve un mannequin de bois noir, entièrement nu, pareil à ceux qu'emploient les tailleurs pour y draper leurs étoffes.*

ORFIZ.

Le voici !

FALBALA, épouvanté, regarde le néant.

Ciel ! Où donc ?

ORFIZ.

Qu'en penses-tu ? Regarde ?
Et dis si le pareil a jamais resplendi !
Comme cela rayonne au soleil de midi !
La couleur te plaît-elle ? Examine ! Critique !
N'ai-je point satisfait à tes goûts d'esthétique ?

FALBALA, sans voix.

Moi !...

ORFIZ.

Ne te hâte point. Savoure en détail !...

FALBALA, se frottant les yeux.

Quoi !
Quoi ! le Diable est ici !...

ORFIZ.

La stupeur te rend coi?
Je le conçois... Permets...
*Il fait le geste d'arranger les plis d'une étoffe.*
... que je te rectifie
Ce pli. C'est mieux ainsi, n'est-ce pas?...

FALBALA, consterné.

Je défie
Qui que ce soit...

ORFIZ, vivement, l'interrompant.

De ne pas voir ces bleus! ces verts?
Détrompe-toi! Les gens bornés, les gens pervers
Pourront s'écarquiller et prendre de la peine,
Ils n'apercevront là qu'un mannequin d'ébène!
Mais toi, que me dis-tu?

FALBALA, bafouillant.

Moi?... Je dis...

A part.

Du sang-froid,
Morbleu! Je ne vois pas! mais d'autres, mais le roi
Verront.

Haut.

Je dis... je dis... que vraiment! à cette heure
Je ne dis rien...!

ORFIZ, bon enfant.

L'éloge à formuler t'épeure?
Aucun mot ne te semble assez fort?

FALBALA.

C'est cela!

A part.
Ma tête tourne!... Je...

ORFIZ, désignant certains points du mannequin.

   La pourpre que voilà
Vient de Chaldée, et ce velours est de Byzance ;
De Babylone, ce brocart. Vois cette ganse !
Et parle franc, si quelque chose te choquait !

FALBALA.

Je...

## SCÈNE VII

Les Mêmes, PANFILIO.

PANFILIO, venant de gauche.

 Falbala, le roi te désire au banquet :
Il attend ton avis avec impatience !

ORFIZ.

Je témoigne du soin et de la conscience
Apportés par Son Excellence à l'examen
De mon travail...

FALBALA, prenant brusquement son parti.

   Oui ! j'ai tenu l'objet en main !

PANFILIO, à part.

Si lui l'a vu, je le verrai !

Haut, à Falbala.

  Te plaît-il ?

FALBALA.

        Certe !
La couleur seule, un peu vive, me déconcerte.

Je l'aimerais d'un ton plus fondu.
A Panfilio.
Mais d'ailleurs,
Juge!

PANFILIO, cherchant.

Où donc est l'habit?

FALBALA, faisant mine de s'esclaffer.
Ah! patron des railleurs!

Là! sur le mannequin!

> Panfilio reste, comme foudroyé, la bouche béante, pendant que Falbala l'observe.

ORFIZ.
Plus est ardente et crue

La violence des couleurs, plus est accrue
La cécité des sots et des méchants!

FALBALA, s'approchant du mannequin.
Jamais

On n'ourdira tissu plus fin, je le promets,
Que ce velours de Babylone!...

ORFIZ, le reprenant.
De Byzance!

FALBALA, avec chaleur.

C'est juste! Et ce brocart! un rêve! Et cette ganse!
Ah!...

PANFILIO, à part.

Pardieu! Falbala voit quelque chose! et moi,
Rien du tout? Ce bouffon louche vers mon emploi!
Attends!...

Il s'approche du mannequin.

## ACTE DEUXIÈME

ORFIZ.

Qu'en dites-vous ?

FALBALA.

Eh bien?

PANFILIO, rugissant.

C'est admirable !

C'est !...

*Un geste pour indiquer que les paroles manquent à son admiration.*

FALBALA, inquiet.

Mais c'est qu'il le voit vraiment ! le misérable !

PANFILIO, hurlant.

Je suis ravi, séduit, pris, transporté, charmé !


## SCÈNE VIII

Les Mêmes, STEFANO, *venant de droite, peu à peu plusieurs courtisans.*

STEFANO, *il regarde Panfilio faisant de grands bras.*

Panfilio, d'honneur ! est...

PANFILIO, avec éclat.

Enthousiasmé !

STEFANO.

Ivre-mort !

PANFILIO.

Vois plutôt ce brocart de Byzance !

ORFIZ, le reprenant.

De Babylone !

FALBALA.

Et ce velours !

PANFILIO.

Et cette ganse !

STEFANO.

Ah, ça ! vous divaguez !

FALBALA, avec reproche.

Stefano !

STEFANO, très militaire.

Que me font
Vos histoires de fanfreluche et de chiffon ?
Je suis soldat ! tout m'est égal ! hormis mes armes !

PANFILIO.

Il se peut que pour toi cet habit soit sans charmes ;
Mais si tu ne le vois, c'est toi que nous verrons
Dégrafer ton armure... ôter tes éperons
Et remettre ton sabre à quelque autre !...

STEFANO, bondissant.

Mon sabre !
Jour de Dieu ! Par l'enfer !

FALBALA.

Tu bondis !

STEFANO, il fait un saut en avant.

Je me cabre !
Je charge ! Montrez-moi votre guenille !...

## ACTE DEUXIÈME

PANFILIO, désigne le mannequin.

Là !

FALBALA.

Devant toi !

STEFANO, stupide.

Devant ?... Où ?...

A part.

Que chante Falbala ?
Je sens se dérober mes jambes sous mon ventre !

LES COURTISANS, bas, à Stefano.

Tu vois l'habit ?

STEFANO, lui aussi se décidant.

Comme le cercle autour du centre !
Ton visage autour de ton nez ! Si je le vois ?
Tonnerre ! mieux que toi-même ! et plutôt cent fois
Qu'une !

LES COURTISANS.

Je vois aussi.

D'AUTRES COURTISANS.

Nous voyons.

STEFANO, avec autorité.

On n'a guère
De telles mailles d'or sur les cottes de guerre !

PANFILIO, avec certitude.

C'est du brocart !

STEFANO.

Brocart ou mailles, peu me chaut !
C'est royal !

TOUS LES COURTISANS ET LES DAMES.
C'est divin!

Fabuleux!

Grand tumulte admiratif.

Léger!

Chaud!

Et frais!!!

FALBALA, à Orfiz.

Mon cher, je cours vers le roi!

Il sort.

ORFIZ.

Mais j'y compte!


# SCÈNE IX

Les Mêmes, moins FALBALA, puis BÉRANGAR.

Quelques seigneurs se précipitent vers la gauche en criant.

Le général en chef!

Bérangar entre par la gauche. Tous s'inclinent.

TOUS.

Bérangar!...

BÉRANGAR, pensif et à part après avoir examiné ce qui se passe.

Que me conte
Ce Falbala? Serait-ce un piège? Ces oisons
Regardent dans le vide avec des pâmoisons!...
Lâches menteurs! Mais moi! je tiens! je m'enracine;

Et plus d'un sera mort avant qu'on m'assassine!
Orfiz!...

ORFIZ, il s'avance avec empressement.

Général!

BÉRANGAR, indiquant le mannequin.

Là! tu feins qu'un vêtement
Est exposé?

ORFIZ, calme.

C'est là qu'il est, assurément!

BÉRANGAR, avec une colère sourde.

Malheureux! réfléchis...

ORFIZ.

A quoi?

BÉRANGAR, outré.

Tant d'insolence!
Songe qu'un mot de moi pèse dans la balance
Plus que les cris de ce troupeau béotien!

ORFIZ.

Ton mot pèsera peu devant le mien!

BÉRANGAR, sursautant.

Le tien?
Quel est-il?

ORFIZ, le regardant fixement.

Trahison!

BÉRANGAR.

Et la preuve?

ORFIZ.

Elle est nette!
Le roi — nous l'attendons! — verra l'habit...

BÉRANGAR.

                                            Sornette!

ORFIZ.

Et malheur à celui qui ne le verra pas!

BÉRANGAR, brusque.

Qui te dit qu'on ne le voit pas? Parle plus bas!...

ORFIZ, se rapprochant.

A la bonne heure! Eh bien! si tes yeux se dessillent,
Je jette au feu ceci!...

*Il tire un papier de sa poche. Bérengar tressaille.*

Mais... tes genoux vacillent!...

BÉRANGAR.

Qu'est-ce que ce papier?

ORFIZ, grave.

                Le Passé, l'Avenir:
Le récit des moyens qui t'ont fait parvenir!

BÉRANGAR.

L'auteur de ce pamphlet!

ORFIZ.

                Ce pamphlet, c'est l'histoire!

BÉRANGAR.

Soit! le nom?

ORFIZ, ironique et menaçant.

        Gandolin! L'encre de l'écritoire
Te plaît?

BÉRANGAR, frappé.

    Damnation! Gandolin!

PLUSIEURS SEIGNEURS, criant.

A vos rangs !
Le Roi ! voici le Roi !...

FALBALA, il apparaît sur le seuil à gauche.

Place au Roi !

BÉRANGAR, à Orfiz.

Je me rends.
Troc pour troc ! Je verrai !

ORFIZ.

Ce qu'il faut que tu voies !...

Ferrante s'approche d'eux ; mais Orfiz s'éloigne en saluant
Bérangar, remonte vers le fond et referme le rideau.


# SCÈNE X

Les Mêmes, LE ROI.

LE ROI, venant de gauche. Tous s'inclinent.

Orfiz ! pour ajouter une joie à mes joies,
Il paraît que vraiment ton art s'est surpassé !
Falbala, le digne homme en est bouleversé,
Toute la cour s'exclame.

Il s'avance vers Bérangar.

Et tu souris toi-même !
Mon Bérangar ! C'est donc...

BÉRANGAR.

Un chef-d'œuvre suprême !

LE ROI, *se retournant vers les seigneurs.*

Et vous l'avez tous vu?

TOUS, *ensemble.*

Tous!

LE ROI.

Et tous, approuvé!
C'est l'accord merveilleux! le triomphe rêvé!
Tu désarmes, Orfiz, l'envie et l'amertume,
Mais tu m'as promis plus encor qu'un beau costume!
Tu m'as offert ce qui me manquait!...

ORFIZ.

J'ai promis
De vous montrer vos ennemis et vos amis,
D'isoler la paille et le grain, l'or et le cuivre
Et de vous faire lire ainsi que dans un livre,
Dans le mystère obscur des cœurs et des cerveaux!
*Il salue.*
Vous êtes, Sire! un dieu qui n'a que des dévots,
Dont le mérite éblouissant vient d'apparaître!
Nul, ici, n'est méchant, ni sot, lâche ni traître;
Tous sont sages et bons, fidèles, résolus!
Car tous ont vu ce que voient seuls les purs élus!

LE ROI.

Ton sortilège, Orfiz, est incomplet! Ta preuve
Ne prouve rien; et ta nouvelle n'est pas neuve!
Que tous mes gens soient gens d'esprit et de devoir
Je n'avais nul besoin de toi pour le savoir,
Puisque je les choisis moi-même en ma sagesse!
Non! non! tu m'as promis, — téméraire largesse! —

Ce qui me manque et non ce que j'ai!... Montre-moi
Un aveugle...

###### ORFIZ.

J'entends cet ordre sans émoi.
L'aveugle n'est pas loin.

###### LE ROI.

Un aveugle que j'aie
Tenu pour clairvoyant jusqu'ici!...

###### ORFIZ.

Brin d'ivraie,
<small>Désignant ceux de la cour.</small>
Après tant de froment! et cuivre, après tant d'or!
Mais vous plaît-il de voir mon travail?
<small>Il est monté jusqu'au rideau.</small>

###### LE ROI.

Oui, d'abord!

<small>ORFIZ, il ouvre le rideau et roule le mannequin jusqu'au milieu de la scène. D'une voix éclatante.</small>

Voici l'habit magique!
<small>Le roi stupéfié, incapable de prononcer une parole, fixe le mannequin avec épouvante.</small>

###### TOUS, <small>en un brouhaha confus.</small>

Ah!

###### PANFILIO.

L'admirable chose!

###### TOUS LES COURTISANS, <small>pêle-mêle.</small>

C'est délicat! — Exquis! Splendide! Grandiose!
<small>Tumulte admiratif.</small>

###### FALBALA.

Il est encor plus beau de près!

ORFIZ, au roi.

                Sans vanité,
J'attends le jugement de Votre Majesté!
Sire, je sens mon cœur qui bat comme une horloge;
Joindrez-vous votre éloge à l'unanime éloge?

PANFILIO.

Notre roi, comme nous, se recueille, étonné!
La bouche ne dit mot quand l'œil est fasciné...

FALBALA.

Avais-je exagéré? N'est-ce pas un délice?

ORFIZ, il simule au long du mannequin une caresse des doigts.

L'étoffe, riche, est souple : on sent quand on y glisse
Le doigt, le moelleux d'un tissu si ténu
Et si frais! qu'on croirait frôler le poignet nu
D'une enfant de quinze ans!

        Tous les courtisans l'imitent sauf Bérangar.

STEFANO.

                C'est fin comme une toile
D'araignée!

PANFILIO.

Un manteau d'ondine!

FERRANTE.

                    Un rai d'étoile!

LE ROI, il pose sa main crispée sur l'épaule de Bérangar, et
        d'une voix basse, entrecoupée.

Bérangar?

BÉRANGAR.

      Sire?

## ACTE DEUXIÈME

LE ROI.

Toi ! mon ami ; mon fervent,
Car tu l'es ? tu me l'as juré ! toi, qui souvent
M'as conseillé ! toi que j'écoute et que j'imite !
Toi que j'ai revêtu d'un pouvoir sans limite ;
Toi ! l'élu de mon cœur et mon garde du corps !
Regarde !... Rien ne peut nous mettre en désaccords !...
Regarde et dis !... Sans pourparlers ni patenôtres
Dis-moi ce que tu vois ?...

BÉRANGAR, il rencontre le regard d'Orfiz.

Je vois comme les autres !...
Un très beau vêtement !

LE ROI, effaré.

Un très beau vêtement ?
Et vous le voyez tous ?
*Avec une violence soudaine.*
Laissez-moi seul !

PANFILIO.

Comment ?

LE ROI.

Seul ! tout seul !
*Stupeur générale, mouvement de retraite.*

ORFIZ.

Dois-je ?

LE ROI.

Tous ! allez-vous en !...
*Tous sortent, sauf le roi.*

## SCÈNE XI

LE ROI, seul.

Il fait d'abord quelques pas fébriles vers le fond, comme s'il voulait appeler quelqu'un. Puis il se ravise, revient près du mannequin, tourne autour et l'examine de tous côtés. Enfin il éclate.

LE ROI.

            Détresse !
Je ne vois rien ! je ne vois rien ! Puis... où serait-ce ?
Ici ? — Là ? — Je ne touche rien ! c'est le néant !
Le vide !
  Sombre.
     Et tous, la bouche ouverte et l'œil béant,
Ont vu la pourpre et l'or ? touché la broderie ?
Ils ont pu voir, toucher ? et moi, non ? — Duperie !
Je réserve à ce pître un quart d'heure mauvais !
Je ne vois rien, c'est qu'il n'y a rien ! Et je vais...
  Il va et vient avec agitation. S'arrêtant tout à coup.
Mais alors... ma cour tout entière est une bande,
De menteurs à galons, de félons à prébende ?
Mon royaume est aux mains d'un ministre taré ?
Et moi, je suis un sot de l'avoir ignoré,
Et d'avoir pris au choix pour conseillers d'empire
Ce qu'il s'est rencontré de pire dans le pire !
            Il reste accablé.
Ma pensée erre et tourne en un cercle fermé !...
  Réfléchissant.
S'ils sont fourbes, c'est que mon astre est entamé,

Mon pouvoir en lambeaux, mon prestige en déroute !
Je suis l'égal d'un gueux mendiant sur la route !...
    Creusant toujours.
S'ils n'ont rien vu, j'étais aveugle ! — S'ils ont vu...
C'est donc que je le suis ! O supplice imprévu !
Honte ! Je serais sot ! moi, le roi ! moi, le maître !
Moi qui soumets le monde aux lois sans m'y soumettre !
Moi ? sot ? Jamais. Alors ! méchant ? pas sot ? méchant ?
Et, j'aurais jusqu'alors vécu, me le cachant ?...
C'est vrai que j'ai parfois grondé comme un orage,
Jugé dans la colère et tué dans la rage,
Violenté l'honneur des femmes, saccagé
Des bourgs pleins d'une odeur de bétail égorgé !
Mais ce sont là les jeux de tout dieu qu'on encense
Et les comportements de la toute-puissance !...
    Perplexe.
Pourtant... je suis méchant, si l'homme au talisman
N'a point menti !... Je suis méchant ! Et s'il me ment ?...
Ah !...
    Décidé.
    Je préfère être un tyran qu'un imbécile !
L'autorité, quand on vous craint, est plus facile !
Un tyran ? soit ! car nul n'a besoin de savoir
Que seul je ne vois pas ce que tous disent voir !...
    Criant.
Holà ! mes gens ! accourez tous !...

## SCÈNE XII

### LE ROI, TOUS LES COURTISANS, ORFIZ.

LE ROI, à Orfiz.

                      Orfiz, approche.
Ton œuvre est de tout point parfaite et sans reproche,
Et tu seras récompensé royalement !

ORFIZ, il s'incline.

Que votre Majesté, je l'en prie humblement,
Daigne ajourner l'effet de sa munificence.
J'aurai bien mérité de sa reconnaissance
Lorsque l'enchantement total sera prouvé :
Or, nul aveugle encor n'ayant été trouvé,
Ma promesse d'honneur n'est qu'à demi remplie !...

LE ROI, songeur.

Peut-être !...

ORFIZ.

           C'est pourquoi, Sire, je vous supplie
D'éprouver vos sujets après vos courtisans.

LE ROI.

Et comment ?

ORFIZ.

         Montrez-vous devant les paysans,
Les ouvriers et les bourgeois, un jour de houle
Bien populaire, en pleine fête, en pleine foule,
En plein soleil !

LE ROI, irrésolu.

Sous ce costume ?

BÉRANGAR.

Le conseil
Est excellent !

LE ROI, hésitant.

Sous ce costume ? en plein soleil ?

FALBALA.

La foule aura de quoi se remplir les prunelles !...

LE ROI.

C'est dit ! Pour consacrer les pompes solennelles
Du rappel triomphal de mon couronnement,
Cette pourpre me vêtira magiquement !
Toi-même, Orfiz, tu m'habilleras ! et quand l'ombre
Au soir tombant, s'allumera de feux sans nombre,
Je saurai, voyant clair, jugeant net, frappant droit,
Si le peuple de Chypre est digne de son roi !!!

Il demeure debout, la main crispée à l'épaule du mannequin ; pendant que tous s'inclinent.

Rideau.

# ACTE TROISIÈME

Même tableau qu'au premier acte. Préparatifs de la fête du couronnement. Au fond, un arc de triomphe. L'escalier et la terrasse du château sont pavoisés de guirlandes et d'oriflammes. La cabane n'est point changée, les corbeilles sont encore là, comme au départ d'Habakuk.

---

## SCÈNE PREMIÈRE

DIOMÈDE, MADDALENA, plus tard BÉRANGAR
et FERRANTE.

*Diomède est assis devant la cabane, les yeux mélancoliquement fixés devant lui.*

MADDALENA, *sortant de la cabane.*

Eh quoi ? toujours chagrin, père ?

DIOMÈDE, *avec un profond soupir.*

Ah !...

MADDALENA.

Je t'importune ?...

### DIOMÈDE, sombre.

Non.

### MADDALENA.

La fierté ne dépend pas de la fortune !
Tu me l'as dit souvent. Pourquoi baisser le front ?

### DIOMÈDE.

Je souffre de ta peine et non de mon affront !

### MADDALENA.

Ma peine ?

### DIOMÈDE.

Tu la tiens cachée : elle te tue !
C'est pour me consoler que ta gaîté têtue
Feint de fleurir sur la tombe de ton espoir !
Mais cette nuit, je ne dormais pas. Dans le noir,
Je t'entendais pleurer, muet, des larmes sourdes
Qui tombaient sur mon cœur comme des gouttes lourdes.

### MADDALENA.

J'ai pleuré, mais sur Lui ! pas sur nous !

### DIOMÈDE, haussant les épaules.

Charité !
Sur Lui ! qui paie ainsi notre fidélité !

### MADDALENA.

Son malheur est plus grand que le nôtre : on le flatte !

### DIOMÈDE, se levant brusquement.

Il s'est gonflé d'orgueil ! eh bien, qu'il en éclate !
Et je veux...

*A ce moment apparaissent Bérangar et Ferrante.*

Mais voici Bérangar !

MADDALENA, le retenant.

Bérangar !
O père ! ce nom dans ta bouche ! et ce regard
Dans tes yeux !...

DIOMÈDE, se dégageant.

Mon outrage appelle la vengeance !

MADDALENA.

Non ! le pardon ! — Vas-tu te joindre à cette engeance,
Et prêter ton épée au crime préparé ?
Père, alors, c'est aussi sur toi que j'ai pleuré !

DIOMÈDE, sans l'écouter. A Bérangar et à Ferrante.

Soit ! Entrez, mes amis !
> Bérangar et Ferrante se sont avancés. Diomède ouvre la porte de la cabane.

Le taudis est minable,
Mais la grâce d'Astolph m'y loge !...

BÉRANGAR, regardant avant d'entrer.

Abominable !

FERRANTE, de même.

Pouah !

BÉRANGAR, à Diomède.

Tu retrouveras, avant la fin du jour
Ton lit dans ton palais et ta place à la cour !
> Tous trois entrent dans la cabane. Maddalena reste seule.

## SCÈNE II

MADDALENA, ensuite ORFIZ, puis BÉRANGAR
et FERRANTE.

#### MADDALENA.

Cela ne sera pas ; cela ne peut pas être !
Diomède, mon père ! infidèle à son maître !
Que faire ? moi, proscrite ! et comment prévenir ?...

ORFIZ, il apparaît en costume de cérémonie, sur la terrasse du château, en compagnie de plusieurs musiciens, armés de longues trompettes. Aux musiciens.

Attention ! D'ici, vous entendrez venir
Le cortège. Sitôt qu'en paraîtra la tête,
Tâchez de souffler juste et fort !

#### LE CHEF DES MUSICIENS.

Fort ?

#### ORFIZ.

En tempête !

*Il descend les degrés et entre en scène.*

#### MADDALENA, à part.

Son nouveau favori ! Vais-je donc hésiter ?
Jamais !

*Elle s'élance vers Orfiz.*

Entendez-moi !

#### ORFIZ, surpris.

Parlez !

MADDALENA, *elle tombe à genoux.*

Je veux rester
Ainsi !...

ORFIZ, *la relevant avec douceur.*

Non. Levez-vous, de grâce ! C'est folie !
Et de vous voir vous humilier m'humilie !

MADDALENA.

M'incliner devant Lui m'eût semblé vil et bas !
M'agenouiller pour Lui ne me répugne pas !
Ah ! sauvez-le ! Sauvez le roi !

ORFIZ, *comme étonné.*

Le roi ?

MADDALENA.

Je souffre !
Il m'a jetée au bout de l'ombre, au fond du gouffre.
Ma voix serait la foudre et son rugissement
Qu'il n'écouterait pas mon avertissement !
Mais vous ! vous ! dites-lui que la Mort l'environne,
Que la haine des grands menace sa couronne,
Qu'il se garde de Bérangar !

ORFIZ, *protestant.*

Un factieux,
Bérangar ? mais le roi ne voit que par ses yeux !

MADDALENA.

Hélas !

ORFIZ.

Et vous croyez à cela ?

MADDALENA.

J'en suis sûre !
Le pacte se conclut, là, dans cette masure.

ORFIZ.

Mais votre père habite...

MADDALENA.

Oui, c'est bien sa maison.
L'iniquité subie obscurcit sa raison,
Au point qu'il met sa main dans des mains qu'il méprise !

ORFIZ, avec un sursaut.

Mais, si je dénonçais leur commune entreprise,
Lui, comme Bérangar !... sans vous rien reprocher...

MADDALENA, éperdue.

Ah ! mon cœur me fait mal ! je voudrais l'arracher !
Le roi n'est pas mauvais dans le fond de son âme !
Il n'est que perverti par le manège infâme
De l'adulation qui tourne autour de lui !
S'il tombe, il tombera tristement, sans qu'ait lui
L'étincelle du Bien qui se cache en son être !
Nul ne l'aura connu que pour le méconnaître !
Ah ! sauvez-le !

ORFIZ, haussant les épaules.

Comment sauverais-je le roi ?
Croirait-il au danger, lui qui se croit de droit,
Plus haut que le Malheur, plus haut que le tonnerre !
Lui, qui tient pour risible et pour imaginaire
Toute atteinte de l'homme à sa divinité,
Tant il plane au-dessus de l'humble humanité !
Si j'allais, follement, taxer de félonie
Celui qu'il a choisi lui-même, en son génie,
C'est à ma chute à moi, que je travaillerais !

MADDALENA.

Ah ! vous l'abandonnez !...

ORFIZ.

　　　　　　Si des complots secrets
L'entourent, c'est l'instant de montrer qu'il possède
La puissance divine à laquelle tout cède !
　　　　*Bérengar et Ferrante sortent de la cabane.*
BÉRANGAR, *il parle à mi-voix à Diomède de qui il prend congé.*
C'est bien compris.
　　　　*A Orfiz, qu'il aperçoit.*
　　　　　　Active, Orfiz, le mouvement !
Le roi t'attend pour lui passer son vêtement.
L'heure presse, et c'est moi qui range le cortège !

ORFIZ.

Je vous suis...
　　*Bérangar et Ferrante sortent par le fond, à droite.*
　　　*A Maddalena.*
　　　　　Vous voyez que le Ciel le protège.
Un rêve a suscité ces fantômes d'effroi !
Celui qui va marcher à droite de son roi
Ne songe guère à le trahir !...

MADDALENA.

　　　　　　　Ah ! forfaiture !
Vous trahissez aussi, vous ! Sans quoi, ma torture
Vous eût touché ! C'est bien ! Si nul ne le défend
C'est moi qui vais, perçant la foule qui se fend,
Me glisser près d'Astolph, le contraindre à m'entendre,
Le sauver ! ou mourir avec lui !
　　　　　　*Elle rentre dans la cabane.*
　　ORFIZ, *la suivant des yeux.*
　　　　　　　Fière et tendre !
Jeune fille ! ce roi pour qui tremblent tes vœux
Sauve-le donc ! C'est le soumettre que je veux !
　　　　　　　*Il sort à droite.*

## SCÈNE III

HABAKUK, RITA.

Ils arrivent de droite, premier plan.

HABAKUK, en extase.

Regarde, Rita ! la voilà !
Encor debout et toujours là !
Ma hutte, ma charmante hutte,
Ma délicieuse cahute,
Mon vieux trou de chien adoré !
Voilà mon cher toit délabré !
Voilà le figuier, les abeilles !
Et les corbeilles ! les corbeilles !

RITA.

Tout est resté comme c'était !

HABAKUK.

L'ancien verrou qui résistait,
Jurons qu'il va nous reconnaître !

RITA.

Les fleurs aussi, sur la fenêtre !

HABAKUK.

Ma chaise boiteuse ! et mon banc
Sur ses trois pattes titubant !
Ah ! douces minutes bénies,
Après tant de cérémonies !

*Il s'est assis sur sa chaise et commence à tresser un panier.*
Le remords me roulait l'âme comme un copeau
De n'avoir pas fini le panier de Beppo !
Mais cela ne durera point. Le diable emporte
Les oisifs ! leur mangeaille avec ! Je m'en rapporte
A toi, Rita ! Ne t'ai-je pas toujours vanté
Le travail qui fait seul la joie et la santé !
*Il travaille avec énergie.*

RITA.

Je ne m'en souviens pas au juste !
Mais... ne touche à rien !

HABAKUK, *il brandit son panier.*

Joie auguste !

RITA.

D'autres logent sous notre toit
Et tout ceci n'est plus à toi !
*Elle enlève à Habakuk, son panier et ses osiers.*

HABAKUK, *indiquant la porte de la hutte.*

Frappe, alors !

RITA, *épeurée.*

Oh !

HABAKUK.

Cogne ! te dis-je.
Est-ce donc un crime ? un prodige ?
Si j'ai le désir obsesseur
De parler à mon successeur !
*Rita frappe timidement.*

## SCÈNE IV

Les Mêmes, DIOMÈDE, MADDALENA.

DIOMÈDE, apparaît sur le seuil. — Avec reproche.

Vous ! C'est par cruauté que, rapace et vorace,
Votre faveur vient se mirer dans ma disgrâce !

HABAKUK, bonhomme.

Erreur ! car nous venons, — j'excuse ta rancœur, —
Te jalouser, du plus profond de notre cœur !

DIOMÈDE, sceptique.

Me jalouser !

HABAKUK.

Et t'adresser une prière !

DIOMÈDE.

Tu m'as déjà tout pris ! richesse, nom, carrière !

HABAKUK.

Ah ! je te rendrais tout en te disant merci !
... Mais, laisse-moi m'asseoir, en grand secret, ici,
Une heure, chaque jour ! pour débrouiller mes pailles !

DIOMÈDE, mal convaincu.

Morbleu !

HABAKUK, avec une bonne foi évidente.

Carrière, nom, richesse, honneurs, ripailles
Ne me vont point ! Pour toi, tu peux t'ingénier,
Jamais, tu n'ourdiras congrument un panier !

Ce jeu t'ennuie ! Et moi, je ne m'explique guère,
Depuis que je suis duc, comment tu pus naguère,
Etre duc sans crever d'ennui ! Changeons-nous ?

> Rita, cependant, a été prendre un gros torchon dans la cabane, et s'est mise à épousseter les vitres.

MADDALENA, la voyant.

Mais
Que fais-tu ?

RITA, frottant, rieuse.

La besogne abonde. Je m'y mets !

MADDALENA.

Tu vas salir ta robe !...

RITA.

Eh bien ! ma cameriste
Héritera. Vraiment, cette fenêtre est triste !
Autrefois, au soleil, limpide, elle riait !
Elle va rire, tiens !

> Elle a tant frotté les vitres que la fenêtre resplendit.

MADDALENA.

Si la cour te voyait !

RITA.

Bah ! « ménagère » est le plus sûr de tous mes titres !...
Mais, tes yeux sont encor plus tristes que les vitres ;
Je les éclaircirais aussi, si je pouvais...

MADDALENA.

Qui t'apprit la bonté ?

RITA.

Quelle bonté ? Je vais

A toi, prête à t'aimer, sans que je m'en repente,
Tout naturellement, comme l'eau suit sa pente!...

DIOMÈDE.

Le peuple, hommes, femmes, enfants, commence à se rassembler. *Des groupes peu à peu se forment, dans le fond.*
Qu'est-ce que tous ces gens ?

HABAKUK.

Des badauds !
*Un brouhaha de plus en plus sensible s'élève.*

DIOMÈDE.

Que de bruit !

HABAKUK.

Songe donc qu'ils n'ont pas fermé l'œil de la nuit
Pour être bien placés, dès l'aube, car la foule
Acclame volontiers le tyran qui la foule,
Mais elle veut que le tyran lui jette aux yeux
Sa poudre d'or superlificoquentieux !
Elle crache au bassin et solde la ribote
Et ne proteste pas contre les coups de botte,
Mais il faut que la botte ait bien ses huit reflets !
C'est pourquoi tout le monde est dehors. Là ! vois-les
Jouer du coude et se ruer à la poussée !
Aucun ne se plaindra d'une côte enfoncée,
S'il a, durant le temps moral de boire un œuf,
Pu distinguer le roi dans son costume neuf !

DIOMÈDE.

Ce costume ?

HABAKUK.

On l'étale ! on l'exhibe ! on l'affiche !
Pour moi, je ne l'ai pas encor vu. Je m'en fiche !

Foin du luxe ! J'en suis revenu tout à fait.
Diamants et bouchons me font le même effet !
Je bâillerais devant le trésor de l'Empire !
Ma cabane est le seul asile auquel j'aspire,
Et l'unique bonheur me serait de m'asseoir
Sur ma chaise, et d'y travailler jusqu'à ce soir.
Car j'ai congé de leur convoi qui me dégoûte :
Sur attestation du docteur, j'ai la goutte !

DIOMÈDE.

Assieds-toi donc !

HABAKUK, il s'assied.

Merci...
On entend les cloches lointaines.
Mais les voilà ! Ding ! dong !

DIOMÈDE.

Viens-tu, Maddalena ?

MADDALENA.

Mon père...

DIOMÈDE.

Crois-tu donc
Que nous allons attendre ici, qu'Astolph nous jette
Un regard de mépris que la tourbe sujette,
Pour le saisir au vol, guettera vilement
En se réjouissant de notre abaissement !
Non ! gagnons la forêt aux profondeurs tranquilles...
Fuyons loin de l'écho des clameurs imbéciles !
Viens !

Il l'entraîne malgré sa résistance, ils sortent à gauche, par
le fond.

## SCÈNE V

HABAKUK, RITA. Le peuple augmente de plus en plus. Il se répand peu à peu sur le devant de la scène et commence à se livrer à des signes d'impatience. Deux groupes séparés se distinguent. Au milieu du premier, ANSELME; au milieu du second, BÉNÉDICT.

HABAKUK, à Rita.

Le recueillement est nécessaire à l'art!
Rita, vite! aide-moi.
Il entre dans la cabane, la chaise et quelques corbeilles.
Tout ce peuple braillard
Me troublerait dans mes conceptions. J'installe
Ma dignité de duc dans la petite salle,
Là-haut. Et le roi peut me demander pour lui
Ma place, je lui répondrai : Pas aujourd'hui!
Il entre, avec Rita, dans la cabane.

## SCÈNE VI

LA FOULE, ANSELME, BÉNÉDICT, puis GUIDO,
BAUDOIN, GASPARO.

ANSELME, qui s'est avancé jusqu'à la rampe, à droite, avec son groupe.

Que les honnêtes gens restent groupés ! Et gare !
Serrons-nous bien. Là-bas, les fauteurs de bagarre

N'attendent qu'un signal pour mettre en désarroi
Toute la fête. Tenons-nous. Vive le roi !

BÉNÉDICT, dans son groupe, à l'avant-scène de gauche.

Citoyens ! demeurons unis ! voyez ces faces
De lécheurs de parquets, de marchands de préfaces !
Leur impudence croît tous les jours ! et bientôt,
Ils auraient dévoré Chypre oomme un gâteau.

UNE VOIX, à gauche.

Courage ! nous allons vaincre aujourd'hui !

UNE VOIX, à droite.

Courage !
C'en est fini des bas faquins de l'entourage !

AUTRE VOIX, à droite.

Les ennemis du roi vont être démasqués !

AUTRE VOIX, à gauche.

Ils rendront l'argent pris, les emplois extorqués !

PLUSIEURS VOIX, à droite.

Le roi porte l'habit magique !

PLUSIEURS VOIX, à gauche.

Le roi porte
L'habit magique !

PLUSIEURS VOIX, à droite et à gauche.

Ah ! ah !

PLUSIEURS VOIX, à droite et à gauche.

Plus d'erreur !

TOUT LE GROUPE DE GAUCHE.

A la porte
Les sots et les méchants !

TOUT LE GROUPE DE DROITE.

Les méchants et les sots
N'y verront goutte !

TOUS ENSEMBLE.

Autant des perles aux pourceaux !

Tumulte extrême. Tout à coup, apparaît, à bout d'haleine et courant vers le groupe de droite, Guido.

GUIDO.

Mes amis, ils vont être ici dans la seconde.
J'ai couru ! vous verrez la merveille du monde !

PLUSIEURS VOIX, à droite.

Le vêtement ? tu l'as bien vu ?

GUIDO.

Le vêtement !
C'est un foyer d'éclairs ! un étincellement !
L'azur du ciel drapé sur la forme d'un homme !

ANSELME.

Bleu ?

GUIDO.

Bleu sombre !

Brouhaha à droite.

Il est bleu !

Bleu !

GUIDO.

De ce bleu qu'on nomme
Bleu paon.

BAUDOIN, il arrive essoufflé et court vers le groupe de gauche.

Je viens de voir le cortège !

PLUSIEURS VOIX, à gauche.

As-tu vu
L'habit ?

BAUDOIN.

Oui !

TOUS, à gauche.

Parle !

BAUDOIN.

Il est, tel que je l'ai prévu,
Surchargé d'ornements ! et coûteux, comme on pense !

BÉNÉDICT.

Et dire que c'est nous qui paierons la dépense !

BAUDOIN.

Chèrement ! c'est à quoi je songeais, cependant
Que la foule hurlait d'extase au rouge argent
De l'oripeau !

BÉNÉDICT.

Le vêtement est rouge ?

BAUDOIN.

Rouge !

Rouge clair !

Brouhaha à gauche.

TOUS.

Il est rouge !...

BAUDOIN.

Rouge !...

On entend la musique de marche qui s'approche.

PLUSIEURS VOIX, de différents côtés.

Cela bouge
Au loin ! — Regardez la poussière ! — Les voilà !

Mouvement.

ANSELME, au groupe de droite.

Il s'agit de crier ensemble, avec éclat :
« Vive le vêtement d'azur ! »

BÉNÉDICT, au groupe de gauche.

Les sottes bêtes
Croient bleu le vêtement rouge !

PLUSIEURS VOIX, à droite.

C'est vous qui l'êtes,
Bêtes ! car il est bleu !

PLUSIEURS VOIX, à gauche.

Rouge !

PLUSIEURS VOIX, à droite.

Bleu !

PLUSIEURS VOIX, à gauche.

Rouge ! allons !
Les bleus ! venez-y donc !

Tumulte général.

A DROITE.

On y va !

A GAUCHE.

Gueux !

A DROITE.

Félons !

DE TOUS COTÉS.

Numérotez vos os !

Pendant qu'une sérieuse bataille se prépare et que les plus proches se prennent déjà aux cheveux, surgit au milieu d'un nouvel attroupement qui sépare les combattants, Gasparo.

GASPARO.

Place ! place à l'escorte !
Le roi ! le roi !

BÉNÉDICT, à Gasparo.

N'as-tu pas vu l'habit qu'il porte, Gasparo ?

GASPARO, péremptoire.

Je l'ai vu ! n'ai-je pas l'œil ouvert ?

ANSELME.

Il est bleu, n'est-ce pas ?

BÉNÉDICT.

Rouge ?

GASPARO.

Non ! il est vert !

## SCÈNE VII

Les Mêmes, Le Cortège.

Avant le défilé, on entend les vivats de la foule, ainsi que la musique de marche du cortège. Cette dernière s'arrête au moment où le cortège entre en scène ; et c'est alors que les trompettes installés sur la terrasse, commencent leur fanfare. Le peuple et les bourgeois rassemblés ouvrent des yeux d'extase. Les coiffures, les mouchoirs s'agitent. Cris, rumeurs, bousculades. Et le cortège fait son entrée par l'arc de triomphe, au fond, à droite. Il tourne à la cabane d'Habakuk et traverse la scène, obliquement pour monter l'escalier du palais, à gauche.

*Ordre du défilé :* Hommes d'armes, hallebardiers frayant la route ; un héraut ; les porteurs de bannières ; un groupe de jeune filles jetant des fleurs ; les musiciens ; Stefano, en tête des gardes du corps ; courtisans ; pages ; un second détachement de gardes du corps ; enfin salué par des vivats, le Roi, entouré de ses favoris, Bérangar, Ferrante, Panfilio portant le sceptre sur un coussin de velours ; Falbalo et Orfiz.

Le roi est sur un dais somptueux porté par quatre pages. Il est coiffé de la couronne, mais n'est vêtu que d'un costume de dessous, chemise et caleçon en toile blanche. Il s'avance majestueusement et répond aux acclamations par un léger signe de tête. Immédiatement derrière lui, deux pages, dans l'attitude de porter la traîne d'un manteau qui n'existe pas. Un grand nombre de valets ; puis un dernier peloton de gardes du corps.

ANSELME, *criant dès que le roi apparaît.*

Vive notre grand roi !

CRIS DIVERS.

Vivat !

ANSELME.

Quelle féerie !
On n'a jamais rien vu de plus beau ! je le crie !

GUIDO.

Quelle étoffe ! Le ciel pâlit devant !

BÉNÉDICT.

Criez !
Nous le voyons aussi bien que vous le voyez !

BAUDOIN.

Non ! nous le voyons mieux !

LE GROUPE DE DROITE.

Du tout ! c'est nous !

LE GROUPE DE GAUCHE.

Vous autres ?
Allons donc !

LE GROUPE DE DROITE.

Nos yeux sont ravis !

LE GROUPE DE GAUCHE.

Moins que les nôtres !

ANSELME et BÉNÉDICT.

Vive le vêtement !

LE PEUPLE, en chœur.

Vive le vêtement !

Vive le vêtement !

ORFIZ, sur la terrasse, au roi.

Sire ! quel doux moment !
Votre peuple est parfait !

LE ROI, à Orfiz.

L'habit du roi me semble
Avoir plus de succès que le roi !

ANSELME, battant la mesure.

Tous ensemble !

LA FOULE.

Vive le vêtement ! !

RITA, elle est sortie de la cabane avec Habakuk et debout, à l'avant-scène de gauche, demande à haute voix.

Mais qu'applaudissez-vous ?

HABAKUK.

Le nouveau vêtement du roi !

RITA.

Mais ils sont fous !
Quel vêtement ? Le roi n'en a pas !...

### HABAKUK, vivement.

Tais-toi !...

### RITA, stupéfait.

Père...

### HABAKUK.

Chut !

### BÉNÉDICT, qui se trouve près de Rita, se retourne.

Ai-je bien compris ? Suis-je sourd ? Non, j'espère...
Mes amis ! écoutez ce que cette enfant dit.
Vrai ? tu ne le vois pas, l'habit qui resplendit ?

### RITA.

Il n'y a pas d'habit. Comment donc le verrais-je ?

### BÉNÉDICT.

Il n'y a pas d'habit !

### HABAKUK, inquiet, à Rita.

Partons !... Dieu ! pris au piège !
Nous sommes entourés !...

### BAUDOIN, à Rita.

Tu ne vois pas non plus
Le manteau rouge ?

### RITA, elle rit.

Non.

### HABAKUK, effrayé.

Mes jarrets sont perclus !

### PLUSIEURS VOIX.

Mais alors...

### RITA.

Je ne vois qu'une chemise blanche !...

BÉNÉDICT, à Baudoin.

Et toi ?

BAUDOIN.

Dis-moi d'abord, si tu...

BÉNÉDICT.

Soit! je m'épanche!
Je ne vois rien! mais... là : rien du tout!

BAUDOIN.

Franchement!
C'est comme moi!

PLUSIEURS VOIX.

C'est comme nous!

GASPARO.

Du boniment!

UN BOURGEOIS, qui avait crié très fort.

J'ai crié pour la rigolade!...

GASPARO, montrant Rita.

La merveille,
La voici. Nous dormions, une enfant nous réveille.

BAUDOIN.

Vive Rita!

Des gens s'approchent en grand nombre.

BÉNÉDICT.

Voyez celle qui ne voit point!

BAUDOIN.

Elle a raison!

GASPARO.

Le roi n'a manteau ni pourpoint
Ni culotte!

ACTE TROISIÈME

PLUSIEURS VOIX.

Le roi n'a rien!

D'AUTRES VOIX.

Que sa chemise!

Le mouvement s'accroît parmi le peuple excité par Bénédict et Baudoin.

ANSELME, à Guido, dans le groupe de droite.

Entendez-vous l'irrévérence?

GUIDO, bas, à Anselme.

Elle est permise :
Ils n'ont pas tort?

ANSELME.

Je ne dis pas; mais... cependant,
Protestons!

GUIDO.

Taisons-nous, ce sera plus prudent!

ANSELME.

Veux-tu donc que le peuple entier nous abandonne?

Il s'écrie, au milieu de la rumeur grandissante.

Citoyens! écoutez!

VOIX DANS LE PEUPLE, de tous côtés.

Non! non!

— On nous en donne

A garder!

Nous ne voyons rien!

— Le roi n'a rien!

— Il n'a qu'un caleçon!

— Et sa chemise!...

7

LE ROI, sur la terrasse, qui déjà se retournait pour entrer au château, revient sur ses pas. — A Orfiz.

Eh bien ?
Quel est ce bruit ?

ORFIZ.

C'est votre vouloir qu'on exauce,
Sire ! la cécité qui se met à la hausse.

LE ROI.

Que disent-ils ?

ORFIZ.

Ils disent tous qu'ils ne voient pas
Votre costume...

LE ROI.

O manants dignes du trépas !
Je veux parler !...

*Il s'avance au bord de la terrasse.*

ORFIZ, au peuple.

Le roi veut parler !

VOIX DANS LA FOULE.

Chut !... — Silence !...
*Un silence attentif se propage.*

LE ROI, après un temps.

Peuple ! rends grâce au roi ! de qui la vigilance
Est celle du berger qui garde son troupeau !

BÉNÉDICT, à ses voisins.

Troupeau tondu !

LE ROI, violemment.

Troupeau dont je sauve la peau !
Troupeau qui ne saurait se conduire lui-même !
Troupeau dont m'est prouvé l'aveuglement suprême !

Mon vêtement, chef-d'œuvre éblouissant de l'art
Est demeuré pour vous comme un pâle brouillard !
Vous n'en distinguez rien, ni les ors ni les pierres :
Le vice et la sottise ont scellé vos paupières !
C'est pourquoi je dois, seul, voir et penser pour vous,
Puisque vous êtes tous des pervers ou des fous !
Murmure général d'indignation.

BÉNÉDICT.

Nous ne sommes pas fous !

BAUDOIN.
Ni pervers !

GASPARO.

Nous ne sommes
Pas aveugles !

PLUSIEURS VOIX.
Nous y voyons clair !

D'AUTRES VOIX.

Tous les hommes
Ont le droit de penser !
Clameur générale.
Le roi n'a rien sur lui !

LE ROI, dont la colère monte.

Insensés ! quand le roi vous a dit : « Ceci luit ! »
Il a le dernier mot, sa voix est la première :
Vous n'avez plus le droit de nier la lumière !...
D'ailleurs, j'ai là mes bons soldats prêts à charger
Sur le concitoyen comme sur l'étranger.
Et qui vous sauront faire au bout de leurs épées
Des yeux voyants et des oreilles détrompées !

> Dès le commencement du discours du roi, les gardes du corps sont venus se ranger, à droite, au pied de la terrasse. Stefano les commande.

LE ROI.

Une dernière fois, regardez ! écoutez !
Je porte un vêtement grandiose !...
Le murmure grandit formidablement.

STÉFANO, aux gardes.

Apprêtez
Armes !
Les gardes tirent l'épée. Les hallebardiers lèvent leurs hallebardes.

LE ROI.

Tant pis pour ceux dont la vue est infirme !
Je suis le maître. Il faut croire ce que j'affirme !
Quiconque garderait un doute après ceci,
Aura gagné la mort sans quartier ni merci !
Un temps. — Silence profond.
Vous êtes convaincus maintenant ? Bien ! J'accorde
A votre pauvreté d'esprit miséricorde !
Mais j'exige le nom du sujet révolté
Dont le souffle a terni votre fidélité !
Qui donc a, le premier, nié l'habit magique ?
Rumeur. Tous les yeux se tournent avec angoisse vers Rita.

BÉNÉDICT.

Que faire ?

LE ROI, avec impatience.

Eh bien ?
Les gardes et les hallebardiers se mettent en bataille.

BAUDOIN.

Faut-il ?...

GASPARO.

Doit-on ?...

## ACTE TROISIÈME

BÉNÉDICT, blême.

Instant tragique !
Cliquetis d'armes.

PLUSIEURS VOIX, hésitantes.

C'est

RITA, retenue en vain par Habakuk s'avance. Elle est tranquille et sans frayeur.

C'est moi, Sire !

LE ROI, stupéfait.

Toi ? !

BÉNÉDICT, à Baudoin.

Par le ciel ! tu l'entends ?
Elle avoue ! elle-même avoue !...

BAUDOIN, frissonnant.

Il était temps !

LE ROI, à Rita.

Toi ! toi ! dont j'ai changé la misère en richesse,
Fille de mendiant que j'ai faite duchesse !
Est-ce donc là ta gratitude ?

RITA.

En vérité,
Si j'ai dit mon avis, c'est sans méchanceté !

LE ROI.

Alors, rétracte-toi !

RITA.

Que rétracter ?

LE ROI.

Proclame
Que si tu ne vois pas, pourpre, joyaux et flamme

Ce miracle de la couleur : mon vêtement !
C'est par bêtise ou par perversité !

RITA.

Vraiment,
Je ne le puis !

LE ROI.

Je ne suis pas d'humeur clémente !
Hâte-toi !

RITA.

Sire roi ! faut-il que je vous mente ?
Je suis certainement sotte ! et méchante aussi !
Nerveuse, volontaire et remuante ainsi
Qu'une petite chèvre ! et je suis ignorante
Comme une enfant qui n'eut patrimoine ni rente !
Mais j'ai de très bons yeux, et mon regard est sûr.
Je vois l'aigle planer au plus haut de l'azur
Et le poisson qui nage au fin fond de l'eau creuse.
Pourtant, je ne vois pas votre habit !

LE ROI, en proie à une sourde colère.

Malheureuse !

RITA.

Sire ! est-ce pour de bon que vous vous irritez ?
Je crois en vous ! je crois aux lois que vous dictez !
Je suis votre servante et sujette soumise ;
Car ne restez-vous pas le roi, même en chemise ?
Je crois que vous avez des habits par monceaux !
Que vous pouvez verser tout mon sang aux ruisseaux,
Certes ! mais qu'aujourd'hui, vous portiez un costume,
Non, je ne le crois pas !

LE ROI, au comble de la fureur. Il essuie sa bouche d'un geste fébrile.

Qu'on l'arrête ! — J'écume
De rage ! Elle a cessé de vivre ! Emportez-la !

Sur un signe de Stefano, Rita est empoignée et chargée de chaines par deux gardes.

HABAKUK, éperdu.

Grâce !

LE ROI, au peuple.

Elle va mourir ! Et ceux qu'elle aveugla
S'ils ne rouvrent les yeux, la suivront au supplice !
L'émeute, dans vos rangs, siffle, rampe et se glisse,
Mais je l'écraserai d'un talon triomphant !

HABAKUK, comme fou, se cramponne à Rita. Il gémit, sanglote, dans une angoisse mortelle.

Mon enfant, mon enfant ! mon seul petit enfant !
Mon hirondelle ! oh non ! Il plaisante ! il veut rire !
Il ne te fera pas de mal ! ô Sire ! Sire !
Pardonnez-lui. Pardonnez-nous ! Elle n'est point
Mauvaise ! Elle a causé plus qu'il n'était besoin ?
C'est dans son sang ! c'est de ma faute, vieille bête
Qui bavarde sans cesse et jacasse à tue-tête !
Oui ! nous sommes des mendiants ! des gueux sans goût,
Sans dignité ! de la canaille ! de l'égout !
Du fumier ! nous n'étions pas faits pour être nobles,
Pour avoir des châteaux, des forêts, des vignobles !
Ah ! les vignobles, les forêts et les châteaux,
Reprenez tout ! les grands habits, les beaux manteaux !
Les charges, les emplois, les titres, la richesse,
Ma devise de duc, ses fleurons de duchesse,

Tous vos bienfaits, tous vos présents! Tous vos cadeaux!
D'ailleurs! nous en avons, elle et moi, plein le dos!
Ou bien,... prenez ma vieille tête d'imbécile
Qui sur mon cou depuis longtemps déjà vacille!...
Mais laissez! oh! laissez vivre ce jeune sang!
L'existence la rend si joyeuse! En naissant,
Elle fut la gaîté de chacun autour d'elle!
Jugez-la mieux! vaillante! et limpide ! et fidèle !
Ce serait fou que quelque chose de pareil
Disparût de dessous le regard du soleil!

LE ROI, aux soldats.

Allez!
<blockquote>Les gardes sur l'ordre de Stefano, vont emmener Rita, quand Orfiz qui a descendu l'escalier et est venu se mettre à côté de la prisonnière, crie:</blockquote>

ORFIZ.

Halte !

LE ROI.

Qui donc au démon s'abandonne
Jusqu'à commander : non ! quand c'est : oui que j'ordonne ?

ORFIZ.

Moi !

LE ROI.

C'est beaucoup d'audace! et je t'interdis...

ORFIZ.

Roi!
Fais mettre en liberté cette fille au cœur droit,
Si tu veux l'Equité plus forte que la Force !

LE ROI.

Tais-toi !...

ORFIZ.

Non. J'ai le doigt entre l'arbre et l'écorce !
Je l'y laisse. Que l'on m'enchaîne ! C'est mon tour !
Tu t'es dupé toi-même, ô mon prince ! En ce jour
Tu pensais éprouver ton peuple ! or il ou trouve,
L'épreuve ayant conclu, que c'est moi qui t'éprouve !
Ce sont tes yeux qui sont frappés d'aveuglement !
Car tu veux voir ce qui n'est pas ! Ton vêtement ?
Le mensonge, la lâcheté, la fourberie
En ont ouvré, dans le néant, la broderie !
La peur et la bassesse en ont tissé les fleurs !
Tu vois que tu pouvais te passer de tailleurs !
Toi-même as complété mon œuvre et l'as parfaite
En désirant marcher au milieu de la fête,
Uniquement vêtu de ta présomption !
Tout, ici, fut semblant, mirage, illusion !
Ce que n'a pas pu voir cette enfant, sans conteste !
Personne ne l'a vu ! Pas même toi ! J'atteste
Que rien ne te couvrait, que tu n'as rien porté,
Et que le vêtement n'a jamais existé !

*Le tumulte grandit. Le peuple prend une attitude menaçante.*

PLUSIEURS VOIX, *çà et là.*

Ecoutez !
— Ecoutez !...

LE ROI, *il a écouté, comme halluciné, les paroles d'Orfiz. Soudain, avec un geste sauvage, il se réveille.*

Trahison !! Ce rebelle
A menti ! Qu'on l'arrête ! Et qu'il meure avec elle !
Il ment ! Vous pouvez, tous ! et de toutes vos voix
Crier : non ! Je porte un vêtement ! Je le vois !

Je le vois! je le vois, tout seul!

    Rita et Orfiz sont emmenés par les gardes, à droite, Habakuk, les suit, en se tordant les bras. Le tumulte s'accroît Le peuple et les soldats en viennent aux mains.

VOIX DIVERSES.

On nous achète!

— Probable!

    — Il marque mal!

        — Il marque à la fourchette!

STEFANO, aux soldats.

En avant!

LA FOULE, sur l'air des lampions.

Il n'a rien! il n'a rien! il n'a rien!

STEFANO, aux soldats qui commencent à repousser la foule.

Doucement!...

LA FOULE, air des lampions.

Il n'a rien!

UN SOLDAT, à un manifestant qu'il bouscule.

La paix! donc!

LE MANIFESTANT.

Suis-je un chien? Pour qu'on me pousse ainsi?

STEFANO.

Chargez!

BÉRANGAR, il se met, avec Ferrante, à la tête d'une troupe de soldats. A Ferrante.

C'est bien l'émeute!

L'hallali va sonner! Tayaut! tayaut! la meute!
> Ils repoussent le peuple qui se disperse devant eux et disparaissent par le fond.

VOIX DIVERSES.

Ah! l'on me tue!
— A l'aide!
— Il n'a rien! il n'a rien!

STEFANO, l'épée à la main.

Allez!

LA FOULE.

A bas le roi!
— Quoi! nous le voyons bien!
Il n'a rien!
— Assassins!
— Soudards!
— Bandits!
— Gendarmes!
Vous êtes les vainqueurs quand nous n'avons pas d'armes.
> Peu à peu, devant les charges de la troupe, la scène se vide. En haut sur la terrasse du château, le roi reste seul avec Panfilio. Le soir est tombé peu à peu. Au fond, Famagousta en fête s'illumine.

LE ROI, frissonnant.

J'ai froid. Qu'on me passe un manteau.

PANFILIO, il retire rapidement son manteau et le donne au roi. Perplexe :

Vous avez froid?
Et votre vêtement, pourtant, Sire?...

A part.

Il n'y croit

Plus, lui-même ! Que faire ? Amère incertitude !...

> Avec un geste, qui indique qu'il prend parti, il descend le perron, s'esquive et disparaît. Au loin, vers Famagousta, le tumulte de bataille continue.

LE ROI, tout seul. Il s'enveloppe fébrilement dans le manteau. Il n'y a plus personne en scène. Il descend lentement de la terrasse que baigne le clair de lune ; et fait quelques pas sur le champ de bataille de tout à l'heure. Soudain, son pied bute sur un cadavre. Il frémit de tout son corps, recule, et de nouveau heurte un second cadavre. Alors, il remonte éperdu vers le château.

J'ai froid ! j'ai froid, dans ma royale solitude !...

> Il s'écroule sur les marches du perron.

Rideau.

# ACTE QUATRIÈME

Une salle dans le palais. Au fond, à droite et à gauche deux grandes portes ouverte sur des galeries. A droite, une large fenêtre. A gauche, premier plan, une petite porte fermée.

―――

## SCÈNE PREMIÈRE

Quatre gardes, les mêmes qui ont emmené Rita et Orfiz au troisième acte, montent une faction à la porte de gauche. Au dehors, tumulte assourdi.

STEFANO, venant du fond.

Par l'enfer ! quelle étrange fête !...

*Allant à la fenêtre.*

Ecoutez-les !...
Quelle musique ! Astolph a gagné le palais,
Sans escorte ! à cheval. C'est la guerre civile !
Bérengar est de garde aux portes de la ville ;

Et c'est moi qui commande ici. Bah ! qui vivra
Verra ! Dieu sait comment tout cela finira !
>> Aux soldats.
Amenez-moi les prisonniers !...
>> Un garde ouvre la porte de gauche et va chercher Orfiz et
>> Rita.

## SCÈNE II

Les Mêmes, ORFIZ, RITA, tous deux enchaînés.

>> STEFANO, à Orfiz et à Rita.

       Holà ! mes drôles !
Surveillez votre langue et repassez vos rôles.
Le roi veut bien, avant votre exécution,
Vous offrir les moyens d'une explication.
Si vous vous obstinez dans votre erreur perverse,
C'est la torture : elle est compliquée et diverse !
Par contre, montrez-vous repentants, confondus,
Alors, vous serez tout paisiblement pendus !
Compris ?
>> Orfiz et Rita font des signes d'assentiment
>> STEFANO, aux gardes.

  Vous ! ouvrez l'œil ! Gardez porte et croisée,
Car c'est de la racaille étonnamment rusée !
>> Il sort par le fond, à droite. Les soldats s'en vont, deux par
>> deux, dans les deux galeries.

## SCÈNE III

ORFIZ, RITA.

ORFIZ.

C'est l'instant des adieux à la vie !...

RITA.

Etranger,
Cher étranger ! c'est bien probable !

ORFIZ.

On va changer
Nos vêtements d'étoffe en paletots de chêne !

RITA.

Et la mort nous garrottera mieux qu'une chaîne.

ORFIZ.

La mort ne serait rien si je mourais tout seul.
Mais toi ! Songer à toi cousue en un linceul,
C'est le coup de couteau qui jusqu'à la poignée
M'entre au cœur ! Et te contempler, si résignée !...

RITA.

Claquer des dents servirait-il ?

ORFIZ.

Rita ! mourir ?
Sais-tu bien ce que c'est ?

RITA.

C'est ne plus voir s'ouvrir
Le grand éventail bleu de l'aurore superbe,

C'est ne plus regarder les boutons d'or dans l'herbe,
Ni les moutons d'argent sur la crête des flots!
Jamais plus! jamais plus!

ORFIZ.

Oui! nos yeux seront clos!
Jamais plus! Et tu l'as, toi-même rejetée,
La savoureuse vie à peine encor goûtée!...

RITA.

Mais... et toi?

ORFIZ.

Moi! je peux m'en aller! Mon départ
Au moins, n'affligera personne, nulle part!

RITA, elle éclate en sanglots.

Mon père! hélas!...

ORFIZ.

Ah! douce enfant à l'âme claire,
Pourquoi, lorsque le roi rugissait de colère
Et que tous restaient là, debout, muets, tremblants,
Devant ses poings brandis et ses regards sanglants,
As-tu seule affronté la tempête farouche?

RITA.

C'est bien simple. Le mot est parti de ma bouche,
Pourquoi? je ne sais pas, et j'ignore comment!
Mais je voyais qu'Il n'avait pas de vêtement;
Pouvais-je, à moins d'être une menteuse enragée
Le tromper, quand il m'a, lui-même, interrogée?

ORFIZ.

Et s'il t'interrogeait de nouveau?

RITA.

                        Je crois bien
Qu'à tout ce que j'ai dit, je ne changerais rien !
Mes lèvres ne sont pas assez cadenassées
Pour pouvoir retenir captives mes pensées ;
Ma langue n'est pas faite aux silences prudents ;
Ce que j'ai dans le cœur s'échappe entre mes dents !
N'est-ce pas? c'est un gros péché, je le devine !...

ORFIZ.

Un péché ? Non ! Rita. C'est la clarté divine !
Mais les hommes ont peur de cette clarté-là.
Et quand rayonne, dans leur ombre, son éclat
Qui démasque leur face et cingle leurs prunelles,
Ils l'éteignent bientôt de leurs mains criminelles !

RITA.

C'est bizarre ! Je te connais bien peu. Pourtant,
Je reconnais ta voix, tes mots. En t'écoutant,
J'écoute comme un chant familier. Il me semble
Que nous avons causé, depuis toujours, ensemble !...

ORFIZ.

Il me le semble aussi. Qu'étais-je auparavant?
Un étranger ! la feuille sèche en proie au vent,
Et je n'espérais plus trouver une patrie !...
Mais voici que, d'intime accueil toute fleurie,
Je retrouve la mienne en tes yeux où j'ai lu ;
Et, mourant, je rends grâce à Celui qui voulut
T'envoyer jusqu'à moi comme une messagère !...

RITA.

Non, non, ami ! Tu veux me rendre plus légère

L'heure proche dont l'ombre lourde est sur mon front !
Là-haut, des messagers meilleurs te salueront !

ORFIZ.

Crois-tu que je voudrais souiller par un mensonge
Les derniers mots de nos derniers instants?...

RITA.

         Je songe
Que tu m'aimes assez pour me flatter un peu.

ORFIZ.

C'est vrai, Rita ! je t'aime ! et mon amour ne peut
S'exprimer ! Je suis plein de musiques confuses !...
Et toi? toi ? m'aimes-tu ?
    *Rita apeurée, se tait, les yeux baissés.*
        Mais quoi? tu me refuses
Ton regard d'aube et le délice de ta voix ?
Oh ! par pitié ! réponds ! voudrais-tu, *cette fois*,
La vérité, — ta vérité ! — ne pas la dire?
         *Rita reste immobile.*
Tu t'es jetée intrépidement au martyre !
Tu n'as pas craint de parler haut devant le Roi !
L'appareil des bourreaux te laisse sans effroi !
Et tu n'oserais pas m'avouer que tu m'aimes ?

RITA, doucement.

C'est bien plus difficile !...

OMAR, avec passion, suppliant.

       Ah ! nos cœurs sont les mêmes !
... Rita?...

RITA, elle se tourne vers lui.

  Je t'aime !...

## ACTE QUATRIÈME

ORFIZ.

O ciel! merci!

RITA.

Voilà longtemps!...
Mais je pensais : il s'en moque bien!...

ORFIZ, éperdue.

Oh! j'entends !
Parle encore !

RITA.

Aujourd'hui, je ne puis plus m'en taire
Puisque ce soir, nous dormirons tous deux, sous terre !

ORFIZ, avec joie.

Mon dernier jour est le plus beau de tous mes jours!
Approche-toi !...

*Rita s'approche de lui. Tous deux, les mains liées et les pieds entravés, s'embrassent.*

RITA, profondément.

Je t'aime!...

ORFIZ.

A jamais !

RITA.

A toujours!...

## SCÈNE IV

Les Mêmes, STEFANO. Aussitôt après, LE ROI. Derrière le roi, PANFILIO, FALBALA. Hommes d'Armes.

STEFANO, il apparaît dans le fond à droite suivi de deux soldats. Brutalement.

Ne vous gênez donc pas pour moi ! C'est qu'on s'embrasse
Remettez à plus tard les tendresses, de grâce !
Vous aurez tout le temps dans l'autre monde ! Allons !
Fixes ! tâchez moyen de joindre les talons !
Le roi me suit !...

Le roi arrive lentement du fond, à droite. Il est pensif, complètement habillé ; il porte la couronne d'or et semble hagard. Il est très pâle. Une impression de fatalité se dégage de toute sa personne. Son regard est devenu timide, sa voix et ses mouvements sont mal assurés. Ses manifestations de colère ne sont plus aussi violentes. Il est suivi de Falbala et de Panfilio.

STEFANO, au roi.

Voulez-vous, Sire, les entendre ?
Les scélérats sont là...

LE ROI, il se parle à lui-même.

Donc, on a pu me tendre
Un filet où je suis tombé comme un niais !
Moi ! moi !

Arrivé à l'avant-scène, il se tourne vers Panfilio et Falbala. A Falbalo.

C'est toi qui, le premier, t'ingéniais

A me le détailler, ce costume admirable ?
Tu l'as bien vu ?

FALBALA.

Sans aucun doute !

LE ROI.

Misérable !

A Panfilio.

Et toi ?

PANFILIO.

Certainement ! Sur mon honneur !

LE ROI.

C'est bien !
Taisez-vous ! Vous mentez ! car il n'y avait rien !

PANFILIO et FALBALA, éperdus.

Sire !...

LE ROI.

Assez !
Panfilio et Falbala se regardent, décontenancés et remontent vers le fond.

STEFANO, au roi, indiquant Orfiz et Rita.

Les bandits...

LE ROI, il jette un regard méprisant sur Stefano.

Oui ! toi ! comme les autres !
Cela suffit !
Sur un autre ton, rapidement.

A-t-on des nouvelles des nôtres ?
Que devient Bérangar ?

STEFANO.

On ne sait pas encor !

LE ROI.

Tout cela n'a que la valeur d'un désaccord
Passager! Bérangar va, d'estoc et de taille,
Ranger au même avis tout le monde!...

UN OFFICIER, il accourt par la galerie de gauche, il a l'épée nue, et crie :

Bataille!...

Voyant le roi, il s'arrête, parle bas à Stefano, salue et repart. Au dehors, la rumeur lointaine augmente.

LE ROI, à Stefano.

Qu'y a-t-il?

STEFANO.

Sire! j'ose à peine...

LE ROI.

Que t'a dit
Cet homme?... Es-tu muet?

STEFANO.

La révolte grandit.
La porte Neuve est prise, et le torrent se rue
Sur le palais! Le peuple est maître de la rue!

LE ROI.

Et Bérangar?

STEFANO.

Il s'est replié.

LE ROI, à Stefano.

Des renforts!
Vite! Et pas de quartier! Toutes lames dehors!
Sabrez! Que le bourreau monte à la citadelle.

STEFANO, *disparaît. Le roi se tourne vers Orfiz et Rita.*

Vous avez entendu? Mon peuple était fidèle
Et vous avez détruit sa foi! Si votre arrêt
N'était déjà rendu, voilà qui le rendrait!
Soyez prêts à mourir!

ORFIZ.

Nous le sommes!

*Au dehors, la clameur populaire redouble. Stefano rentre en courant. Il est hors d'haleine. — Au roi, premier plan, à droite.*

STEFANO.

La rage
M'étrangle! Sire! on vous bafoue! on vous outrage!

LE ROI, *avec un haut-le-corps.*

Comment?

STEFANO.

On braille! on raille! on chante une chanson :
« Nargue au roi! Nargue au roi! qui sort en caleçon! »

LE ROI.

Moi! raillé!
*Il se tourne vers Orfiz et Rita, furieux.*
Jour de Dieu!

STEFANO, *désignant les deux prisonniers.*

Faut-il qu'on les emmène?
*Il a fait signe à deux soldats qui sont venus se placer près d'Orfiz et de Rita, tout prêts à les empoigner.*

LE ROI, *renvoyant les soldats.*

Non! Je ferais, au sens de cette lie humaine,
La gloire de leurs noms et la honte du mien!

A part, et profondément perplexe.
Donc! la foi serait tout? et la puissance, rien?
A Stefano.
Laisse-nous seuls! va-t'en! va!...

*Stefano sort en hochant la tête. — Le roi fait un pas vers Orfiz et Rita. Un temps.*

## SCÈNE V

LE ROI, ORFIZ, RITA.

LE ROI.
       Votre destinée
Est dans vos mains! votre existence condamnée,
Votre liberté morte et vos bonheurs mourants,
Si vous voulez les mériter, je vous les rends!
Rendez-moi ce que vous m'avez pris à moi-même:
Un peuple confiant qui me croie et qui m'aime!

ORFIZ.
Comment le pourrions-nous?

LE ROI, à Orfiz.
       Je ne demande pas,
Je ne veux pas savoir pourquoi tu me trompas!
Je veux vous pardonner et t'absoudre ainsi qu'elle.
Seulement! toi, du moins, crie à cette séquelle
Que j'ai porté le vêtement tissé par toi!...

ORFIZ.
Accepterais-tu donc sans honte et sans effroi

D'exercer un pouvoir basé sur l'imposture ?
Et tiendrais-tu l'Erreur pour une investiture,
Et le Mensonge pour un dogme à respecter ?

LE ROI.

Je tiens que je suis roi, que je le veux rester !
Et que le populaire, inepte, à sa coutume,
Ne croira plus en moi s'il ne croit au costume !
D'un seul mot, tu peux tout sauver ! Et toi, Rita,
La vie est douce, que ma faveur t'apporta,
Elle veut ton bonheur ! Obéis à la vie !...

ORFIZ, à Rita.

Rita ? mentiras-tu ?

RITA, tendrement.

Je n'en ai pas envie ;
Pourtant, s'il te plaît que je mente ?...

ORFIZ

Non, mon cœur !
Au roi.
La seule chose, ô Roi, qui te fera vainqueur,
Je puis toujours te la donner.

LE ROI.

Coûte que coûte
Donne-la, c'est ?...

ORFIZ, froidement.

Mon talisman.

LE ROI, avec un geste de colère folle, tire son épée.

Encore ?

ORFIZ.

Ecoute !
Je t'ai trompé, mais pour ton bien ! Tu me disais :

« Enseigne-moi ce que j'ignore ! » Tu le sais
A présent ! — Sans magie et sans sorcellerie ! —
Tu discernes le faux du vrai; la fourberie
De la fidélité; le cuivre d'avec l'or !
Je t'ai donné la clairvoyance, ce trésor !
Tu te jugeais de marbre ? et tu te sens de plâtre.
Tu te croyais le dieu d'une plèbe idolâtre ?
L'absence d'un costume, et tu l'as constaté,
A suffi pour qu'on rît de ta divinité !
      Le roi laisse tomber son épée.
Tu te targuais d'apprécier les gens, les actes?
L'épreuve a projeté ses lumières exactes,
Et tu connais le prix réel de tes amis !
N'ai-je pas bien tenu ce que j'avais promis ?

    LE ROI, furieux.

Va ! je comprends ton plan exécrable, à cette heure !
Mauvais hôte qui t'es glissé dans ma demeure.
Tu n'avais pas assez de m'avoir promené
Sous le ricanement du peuple mutiné,
D'avoir fait de mon sceptre, aux yeux de la canaille,
La marotte des fous où tremble une sonnaille !
Non, non ! tu souhaitais, ténébreux échanson
Me tendre aussi la coupe affreuse du soupçon,
Pour m'arracher mon dernier bien, la confiance
En qui me sert ! — Allez ! que la mort vous fiance,
Elle et toi ! vous serez unis par les bourreaux !
Et pendant votre marche au gibet, mon héros,
Mon ami, mon sauveur, mon Bérangar, farouche
Et sublime, et le cri de : Victoire ! à la bouche,
Rentrera, pour me dire, éclaboussé d'honneur :
« Vos sujets repentants sont à vos pieds, Seigneur !

## SCÈNE VI

Les Mêmes, puis BÉRANGAR, FERRANTE, MADDALENA.
Soldats et Gardes, STEFANO.

Depuis quelques instants une rumeur lointaine d'abord, puis plus proche, a grandi. Elle éclate tout à coup, en cris :

VOIX DIVERSES, au dehors.

Bérangar !
— Vive Bérangar !
— Bérangar !
— Vive Bérangar !

LE ROI, triomphant.

Le voici !

ORFIZ.

L'ovation est vive !

VOIX AU DEHORS.

Bérangar !

LE ROI.

C'est bien lui ! mon appui, mon soutien,
Mon vainqueur !

ORFIZ.

Ton vainqueur ! En effet, c'est le tien !

VOIX DE LA FOULE.

Bérangar !

LE ROI.

Braves cœurs! comme ils l'aiment!

ORFIZ.

Sa lame
Est un soleil levant!

VOIX DE LA FOULE.

Bérangar!

LE ROI, charmé.

On l'acclame!

VOIX DE LA FOULE.

Bérangar!

LE ROI, à Orfiz.

Qu'en dis-tu?

*A ce moment, un caillou lancé du dehors, vient briser une des vitres de la fenêtre.*

ORFIZ.

Je dis que ton héros
A de chauds partisans qui cassent tes carreaux!

*A ce moment, une chanson, vague d'abord, plus accentuée à mesure, monte du dehors.*

LE CHŒUR, de plus en plus distinct.

Tel qui croit planer, se vautre!
Tel sera bas qui fut haut!

LE ROI, à Orfiz.

Tu prétendrais?...

LE CHŒUR.

C'est Bérangar et nul autre
C'est Bérangar qu'il nous faut!

ORFIZ.

Moi ? rien ? J'écoute ce qu'on chante !
Cette joie à fêter ton serviteur m'enchante !

LE ROI.

Oui ?

Plus proches encore, car les nouveaux venus sont entrés dans le palais, et l'on entend le bruit de leurs pas, accourant par la galerie de droite, les acclamations retentissent, au fond.

VOIX essoufflées.

Vive Bérangar !

ORFIZ

Tes amis, par surcroît,
Pourraient aussi crier un peu : vive le Roi !

De nouvelles pierres viennent casser d'autres carreaux.

Ils préfèrent briser tes vitres !

LE ROI.

Ça, vipère !

Te tairas-tu ?

Les voix se rapprochent encore. Tumulte confus. Au dehors la chanson : *C'est Bérangar et nul autre ; c'est Bérangar qu'il nous faut !* reprend, et pendant qu'éclatent les cris suivants, dans le palais. Maddalena entre tout à coup, par la gauche, sans que personne ne la voie. Elle se dissimule dans l'embrasure de la fenêtre.

LES VOIX DIVERSES.

Vivat !

— En avant !

— Au repaire !

Bérangar suivi de Ferrante et d'une foule en armes débouche par la galerie de droite. Tous ces hommes ont l'épée haute ; mais on ne peut distinguer si c'est dans une intention menaçante ou à cause de la fièvre du combat. Bérangar se précipite vers le roi. Mais à ce moment, Maddalena, toute échevelée, apparaît, parmi le désordre de la troupe, hors de l'embrasure de la fenêtre, et cependant qu'elle crie :

MADDALENA.

Non ! pas cela ! cela, jamais.

Elle bondit auprès du roi, ramasse l'épée tombée à terre, fait au roi un rempart de son corps, les bras étendus, et tend la pointe de l'arme vers la gorge de Bérangar. Bérangar, s'enferre de lui-même, et roule à terre.

LE ROI, effaré.

Maddalena !

Il s'agenouille auprès de Bérangar. Ferrante est tout près. Stefano et les autres s'avancent.

Bérangar !

Après un temps.

Il est mort !

PLUSIEURS VOIX, chuchotant.

Mort !

Ferrante se recule précipitamment. Maddalena baise la lame de l'épée. A l'épée :

MADDALENA.

Merci !

STEFANO, qui s'est agenouillé près du roi.

Son cœur n'a plus un seul battement !...

Stefano se relève, d'auprès du cadavre. Appelant.

Vite ! à moi, quatre gardes !

Quatre soldats s'avancent à l'ordre.

Couvrez-le d'un manteau. Croisez vos hallebardes.

Les gardes jettent un manteau sur le corps de Bérangar, glissent sous lui leurs hallebardes en croix et l'enlèvent sur leurs épaules.

STEFANO.

Allez! marchons!

<small>Le cortège funèbre sort par la galerie, escorté jusqu'au seuil par Stefano.</small>

LE ROI, qui est resté accablé.

Quel rêve affreux!

<small>Dès la chute de Bérangar, tous ceux qui étaient entrés derrière lui, se sont arrêtés brusquement. L'un après l'autre, ils ont remis leurs épées aux fourreaux et se sont esquivés peu à peu. Ferrante, demeuré en scène, mais tout au fond et presque au seuil de la galerie de droite, observe le spectacle. Au moment où passe devant lui la dépouille de Bérangar.</small>

FERRANTE, à part.

Bérangar mort,
Nos projets sont à bas; la barque sombre au port;
L'aventure devient mauvaise; je m'en tire!...

<small>Il disparaît.</small>

MADDALENA.

Tous sont méchants ou sots! Bérangar était pire!

LE ROI, suppliant presque.

Tu mens! tu mens!

MADDALENA.

Je n'ai jamais menti!

LE ROI, de même, se raccrochant à ses illusions.

Non, non,
Non! Bérangar m'aimait.

MADDALENA, elle tire de son corsage et présente au roi un parchemin.

Voilà, signé du nom
De cet ami si tendre un brouillon de cédule
Où votre tête est mise à prix!

LE ROI, il parcourt des yeux l'écrit. Le froissant.

Fus-je crédule
A ce point?

MADDALENA.

Bérangar, depuis tantôt sept ans,
Etait le chef secret de tous les mécontents.
Il corrompait le peuple et débauchait l'armée;
Il était comme un feu qui cache sa fumée,
Et du pavois royal que foulent vos pas lourds,
Le bois était déjà rongé sous le velours!

Un temps.

STEFANO, qui n'a rien compris, d'un ton brusque, à Maddalena,
il revient d'accompagner le cortège.

Vous! à genoux!

LE ROI. à Stefano.

Tais-toi!

A part, puis à Maddalena.

Confusion mortelle!
C'est moi qui dois tomber à genoux devant elle!

Il se laisse tomber à genoux, et arrache sa couronne.

Va-t'en, vil cercle d'or en vain irradiant!
Je ne suis plus le roi! Je suis un mendiant!
Un sot n'est point un chef, en paix non plus qu'en guerre,
Et l'or de la couronne est un clinquant vulgaire,
Quand nul rayon n'éclate aux yeux du couronné!

Il se relève lentement.

ORFIZ, il écarte ses gardes et vient au roi.

Jamais ton front ne fut plus digne d'être orné
De la couronne, ô Roi! qu'en cette heure d'épreuve,
Où la force du talisman fournit sa preuve!

LE ROI, troublé,

Ce talisman ! qu'est-il ? Et toi ?

ORFIZ.

Ce talisman ?
C'est le goût de la Vérité, tout simplement.
Mon père, en expirant, m'en a fait légataire.

LE ROI.

Ton père ?

ORFIZ.

Il en était le pur dépositaire,
S'en proclamait l'apôtre, en devint le martyr
Parce que, seul, il refusa de vous mentir !

LE ROI, comme illuminé d'un souvenir. Sourdement.

Gandolin !

ORFIZ.

Il est mort, triste, sans anathème !...

LE ROI, à part.

Gandolin !
 A Orfiz.
  Il m'a pardonné ?

ORFIZ.

Comme moi-même !
Le roi, d'un grand geste, ordonne de faire tomber les liens
 d'Orfiz et de Rita. — Les soldats délient Orfiz qui aussitôt va délivrer Rita.

ORFIZ, à Rita.

Libre, Rita !... Par la franchise !

RITA.

Et par l'amour !
Cette fois-ci, je n'ai pas dit non.

9

LE ROI, à Maddalena.

A ton tour,
Ne me refuse pas ton aide que j'implore.
Je veux, au nom du Vrai qui pour moi vient d'éclore,
Courir au but à qui j'avais tourné le dos.
Mais nul ne peut porter tout seul certains fardeaux.
La couronne est trop lourde à ma tête mortelle.
Ta jeune Majesté m'entend; que répond-elle?

*Maddalena, dans un grand geste de consentement, tend ses deux mains au roi qui se précipite sur elle et la baise avec ferveur. On entend tout à coup à gauche, dans la coulisse, la voix d'Habakuk.*

HABAKUK, gémissant à la cantonade.

Ouvrez!

*Mouvements divers. Des coups ébranlent la porte.*

Ouvrez!

RITA.

C'est mon petit père!

HABAKUK, du dehors.

Ouvrez donc,
Ou j'enfonce la porte avec mon espadon!


## SCÈNE VII

Les Mêmes. Puis HABAKUK.

LE ROI, à Stefano.

La porte! Stefano!

*Stefano est allé ouvrir dans la galerie de gauche, une porte qu'on ne voit pas. Immédiatement, Habakuk se rue en* scène vers le roi. Il est coiffé d'un casque et armé d'une énorme épée trop lourde pour lui. Il ne voit pas Rita, d'abord.

HABAKUK.

Tyran! rends-moi ma fille!
La révolution dans mes veines fourmille.
Tremble! J'ai soif de sang! Je suis un révolté!

RITA, elle s'est précipitée vers lui, et l'a débarrassé de son arme. Riant.

On ne te croira pas, tu sais!

HABAKUK, fou de joie.

O ma beauté!
Vivante encor!, voilà son front! son nez! sa bouche!
Ses cheveux! sa petite oreille! Je la touche!

Au roi riant, pleurant, à la fois.

Tant mieux pour vous!

On me l'eût tuée!

Rita le tire.

Ah! pardon!
Je serais devenu formidable!...

Il embrasse Rita avec frénésie.

LE ROI, à Orfiz.

Quel don
Te faire? à toi qui m'as ouvert les yeux de l'âme?
Sois mon ami, mon conseiller.

ORFIZ.

Je ne reclame,
(En vous remerciant, Sire, de tant d'honneur!)
Que de rester mon propre maître et mon seigneur,
Et de tenir ma cour, là-bas, dans la cahute,

Désignant Rita.
Avec elle, avec son vieux père, avec la lutte
Du travail gai contre la saine pauvreté.

LE ROI.
Si je voulais te consulter?

ORFIZ.
La vérité
Peut recevoir les rois au foyer des gueux. Sire,
Venez chez nous.

HABAKUK.
Et si votre estomac désire
S'appointer d'un menu simple et réconfortant,
Votre couvert sera dressé dans un instant.
Un ragoût de mouton parfait! de fin fromage,
Une eau pure qui rend sage comme une image,
Et des haricots blancs, gras et délicieux,
Qui crèvent dans leur peau comme de gros messieurs!
Mon hirondelle fait de meilleure cuisine
Que votre gâte-sauce en sa noble officine!

LE ROI, pensif.
Je suis trop pauvre pour les payer assez cher!

ORFIZ.
Et plus riche pourtant que vous n'étiez hier!
Baisant la main du roi.
Sire! criez cela devant la multitude!
Et ce que vous perdrez en respects d'attitude,
Vous le regagnerez en franchise d'amour!

LE ROI.
Il est dit que j'aurai tout appris en un jour.
Il va à la fenêtre qu'il ouvre toute grande. Un grand brouhaha de peuple se fait entendre au dehors.

LE ROI, parlant au peuple.

Citoyens !
Au dehors l'enthousiasme redouble.
Nul ne doit se préférer aux autres !
Mes yeux ne peuvent voir que ce que voient les vôtres.
Laissez-moi demander le secours de chacun,
Et nous travaillerons ensemble au bien commun !

VOIX NOMBREUSES, au dehors.

Vive Astolph !
Des fleurs, au lieu des cailloux de tout à l'heure, sont jetées dans le palais par la fenêtre.

LE ROI, à Falbala qui s'est rapproché.

Qu'en dis-tu ?

FALBALA, scandalisé.

Sire !.. Le roi se nomme
Le roi !

LE ROI.

Je suis bien plus qu'un roi ! Je suis un homme !

Rideau.

www.ingramcontent.com/pod-product-compliance
Lightning Source LLC
Chambersburg PA
CBHW060151100426
42744CB00007B/985